AIにはない「思考力」の身につけ方

ことばの学びはなぜ大切なのか?

今井むつみ

筑摩書房

本文イラスト　須山奈津希
編集協力　黒坂真由子

はじめに

これまで人間がしていた仕事の多くが、AI（人工知能）に取って代わられるといわれています。50年、100年ではなく、ほんの数年先の未来でさえ、見通すことが難しい時代に、私たちは生きています。

特に、テクノロジーが急激に進化すれば、今ある仕事も変化し、それに応じて求められる人も変わっていくでしょう。そうなると、今、学校で暗記した知識が、身につけた技術が、社会に出たときには「時代遅れ」になっているかもしれません。

「じゃあ、学校の勉強はムダということ？」

そんなことはありません。

「変化が激しい社会の中で、私たちは何を学び、何を身につけていけばいいのか」。

この問いに対する答えは、驚くほど明白です。

「考える力」、つまり「思考力」を身につけることです。

「思考」などというと、机の前にすわってウンウンうなりながら問題を解いている姿をイメージするかもしれませんが、それほど難しいことではありません。現にみなさんは、「思考する」「思考しながら」この本を読んでいるからです。

「思考する」ということは、「次はどうなるのだろう？」とか「どうしてこの人はこうしたのだろう」などと考えることです。

例えば「探偵マンガ」を読んでいるとき、みなさんは、

「黒幕は誰だろう？」

「犯人はやはり……」

と考えながらストーリーを追っているはずです。これも思考の働きのひとつです。

思考しながら、主人公と一緒に「**問題を解決しよう**（＝犯人を見つけよう）」としているのです。

思考力というのはこのように、問題解決の力につながっていきます。問題解決の力をつけることができれば、社会がどんなに変わっても、未来がどうなるかわからなくても、なんとかその場で対応することができるようになるはずです。

そういう人が、これからの社会で「よりよく生きていく」ことができるのです。

◆「名探偵」になるには

では、思考力を使って問題解決ができる「名探偵」になるために、私たちは何を学べばいいのでしょうか。

国語、数学、理科、社会、英語、外国語、古典、地理、日本史、世界史、公民、公共、倫理、政治・経済、物理、化学、生物、地学、音楽、美術、書道、家庭科、情報……。中学校や高校の科目というのは、世の中のしくみを知るための基礎知識となりますから、どれも外せません。これに加えて、法学や経済学、社会学、メディア学、国際関係学、心理学、哲学、工学、建築学、農学、医学、薬学、はたまた地政学や宗教学の知識まで。このように見ていくと、どれも「名探偵」には必須に思えます。とはいえ、とても一度にすべてを学ぶことなどできそうにありません。

でも、あきらめる必要はありません。なぜならこの中で一つだけ、「名探偵」にいち早く近づける科目があるからです。

さあ、みなさんの思考力が試されます。どの科目が「名探偵」への一番の近道なのでしょうか。ヒントは、「すべての科目で使うもの」を学ぶ科目です。

正解は、国語です。

「なぜ国語?」

確かにそう思う気持ちもわかります。

数学や英語のほうがなんとなく、問題解決の役に立ちそうですよね。でも、私たちは何を学ぶにも「ことば」を使います。「ことばの力」がなくては、数学の問題もうまく解くことはできません。ちなみに、みなさんが数学の文章問題が苦手なのは、「数学の理解ではなく、問題文の理解が不十分だから」ということが調査で明らかになっています。

「すべての科目で使うもの」。それが国語で身につける**「ことばの力」**なのです。

◆「ことばの力」と「思考力」で、問題を解決する

3歳(さい)くらいの子どもが、イチゴを食べるときに「イチゴのしょうゆをちょうだい」と言いました。「いちごをおいしくするもの」が欲(ほ)しい。でもその名前は知らない。そこで思いついたのが、「食べ物にかけておいしくするもの」、「しょうゆ」です。その子はきっと心の中で、「食べ物にかけて味をつける液体を、「しょうゆ」というのだ

ろう」と推測し、コンデンスミルクも「しょうゆと言えるのでは?」と考えたのでしょう。

この子は、「しょうゆ」(ことば)を、考えて使うことで(思考)、無事にコンデンスミルクをかけてもらうことができました(問題解決)。もしかすると、「コンデンスミルク」という新しいことばも覚えたかもしれません。完璧な知識(この場合は「コンデンスミルク」)がなくても、問題を解決した「名探偵」というわけです。

みなさんも幼い頃、こんなふうにことばの力と思考力を使って、問題解決をしてきたのです。

私は認知科学、認知心理学という分野で研究をしています(ちなみに認知心理学の知識は、探偵には必須です)。そして研究者になってからずっと、ことばに関する研究を続けています。人はどのようにことば(母語)を学習するのか。そもそも人の心(脳)の中にある「辞書」には、どのような性質があるのか。ことばを学ぶことによって、「思考力」はどのような影響を受けるのか。最初にこの研究を始めた頃には、ChatGPTのようなAIが、認知科学の研究対象になるとは思ってもみませんでした。しかし現在は、「AIはどのように「思考」するのか、またはしないのか」ということも、私の研究テーマの一つです。

数年先の未来がわからないのは、私も同じです。

◆生きた知識と死んだ知識

暗記しただけの使えない断片的な知識を「**死んだ知識**」と呼びます。

逆に、必要な時にすぐに取り出せて使える知識、他の知識と組み合わせて新たな知識を生むことができる知識を、「**生きた知識**」と呼びます。例えば、みなさんが知らず知らずのうちに身につけてきた日本語の知識はまさに、「生きた知識」の代表です。先ほどの「イチゴのしょうゆ」もそうですね。子どもは覚えた単語や文法の知識を自分でどんどん組み合わせ、自分の意思を示すことができるようになります。

つまり「生きた知識」とは、自由に使える知識なのです。

英語を学校で学んでも、うまく話すことができないのはなぜでしょう？　それは、単語と文法をバラバラに暗記しただけの「死んだ知識」になっているからかもしれません。覚えた知識は、その組み合わせ方も含めて理解することが必要です。そこが抜け落ちているのです。

いちごにかけると
おいしいものは？
!
おや？
似ているな
ということは…
食べものにかけると
おいしいものは？
しょうゆ
いちごにかけると
おいしいものは？
いちごのしょうゆ

母語では覚えたことが自然と「生きた知識」になるのに、外国語では「死んだ知識」になってしまう。その理由も、本書でていねいに解き明かしていきたいと思います。この問題を考えることは、「どうしたら英語ができるようになるのか」ということはもちろん、「思考力と学力の伸ばし方」にも、新しい答えをくれるはずです。

本書は**「思考力」、つまり「名探偵になるための推論力」を、「ことば」と一緒に考える本**です。みなさんが、今この瞬間にも使っている「思考力」ですが、なんだかぼんやりしていて、捉えにくいものであるというのも事実です。その「思考力」を「ことば」というフィールドで考えてみようという試みです。

乳幼児がことばを覚えるしくみについて研究をしていると、「ことばがわかること」が、必ずしも当たり前でないということに気づかされます。子どもはことばのしくみを自分で発見し、ことばの意味も自分で発見します。これはみなさんも、意識せずに成し遂げてきたことです。

いったいどんなふうに、そんなすごいことをしてきたのか。

まずは第1章で、みなさんが子ども時代に成し遂げた「母語の習得という偉業」を、思い出すことから始めてみましょう。

AIにはない「思考力」の身につけ方
——ことばの学びはなぜ大切なのか？

目次

第1章

あなたはことばを、どう覚えてきたのか

私たち人間は赤ちゃんの頃（ころ）から、ことばのしくみを「自分で」発見しています。単語の意味も「自分で」発見し、「暗記しなさい」と言われなくても「自分で」覚えます。

みなさんは誰（だれ）からも強制されることなく、また教わることもないのに、母語を習得してきました。初めての言語の学習を、なんの意識もせずに成し遂（と）げてきたのです。

いったいみなさんは、どんなふうに、最初のことばを学んできたのでしょうか。

母語を習得するしくみを知ることは、現在の英語学習や、将来その他の言語を学ぶときにも役立ちます。それだけでなく、「自分で発見して考えて学ぶ」ことが、どうしてそれほど大切なのかということにも、気づくことができるはずです。

◆ことばが指し示す範囲を探す──「ウサギ」ということばの意味は？

母語のことばの覚え方は、大きくなってから外国語の単語を覚えていくやり方とは、まったく違います。

赤ちゃんは、大人に直接教えてもらうことなく言語を習得しますが、中学生や高校生を含めたある一定程度の年齢になると、外国語を覚える際に母語の助けを必要とします。みなさんも英単語を覚えるときに、日本語の意味とセットにして暗記しているはずです。

例えば、“rabbit”という英単語は、日本語で「ウサギ」と説明されます。すると私たちは“rabbit”という英単語が、どういう意味を持っているかがわかります。でもそれは、私たちがすでに「ウサギ」という言葉の意味を知っているからです。

赤ちゃんはそもそも、どういうものがウサギなのかがわかりません。どれがイヌで、どれがネコで、どれがハムスターなのかもわかっていない。そんなところから、語学の学習をスタートするのです。このように考えると、母語の学習がいかに難しいかがわかります。みなさんにとっての外国語の学習は「言語の学び方のルールがわかった上でのゲーム」で

す。一方、母語の学習は**「ルールを探しながらのゲーム」**ということになるかもしれません。

大人がウリギを指差して「見て、ウサギさんだよ」と言ったとしましょう。そこには、小さくて白くてふわふわした耳の長い生き物がいます。赤ちゃんはそれを「ウサギ」だと思います。

では、別の時に黒や茶色のウサギを見たとき、赤ちゃんはそれをウサギだと思うでしょうか。あるいは、ハムスターみたいな小さなウサギはどうでしょう。ちょっとめずらしい、耳の垂れたウサギについては？

これら全部が「ウサギである」と言えるのは、大人が「ウサギという言葉が指し示す範囲」がすでにわかっているからです。一方の赤ちゃんは、白いイヌやネコ、小さくてふわふわのハムスターを見ても、「ウサギだ」と思うかもしれません。

ことばを覚えたばかりの子どもは、動物を見るととりあえず「ワンワン」と呼ぶことがあります。それは「ワンワン」ということばが指し示す範囲が、まだ理解できていないからです。もしかしたら「ワンワン」を「いきものぜんぶ」と思っているかもしれません。

ことばの意味を理解するということは、そのことばが指し示す代表的な対象だけではなく、**「使える範囲」がわかる**ということなのです。

◆モノの特徴に注目する――レモンも葉っぱも「おつきさま」

あるとき、1歳の赤ちゃんに絵本を読んでいたお母さんが、三日月の絵を示して「おつきさま」だと教えました。するとその子は、牛の角やさやえんどう、クロワッサンなどを見ても「おつきさま」と言うようになりました。レモンのスライスも、おひさまが当たって光る葉っぱも「おつきさま」です。

その子はどうやら「おつきさま」というのは、次の特徴があると捉えたようです。

「おつきさま」の3つの特徴

- 先が尖（とが）った三日月の弧（こ）を描（えが）く形（形）
- 黄色（色）
- きらきら光る（状態）

そのため、この中の「どれか一つでも」同じ特徴をもっていると、「おつきさま」ということばを使ってしまうのです。

しかし、それから数か月もすると、子どもは「ある一つの特徴」に注目するようになります。これは、「モノの名前（名詞）」を覚える子どもに共通の特徴です。

「形」「色」「状態」のうち、子どもはどこに注目するようになると思いますか？

◆子どもは何に注目しているのか

最初は、「形」「色」「状態」のすべてに注目していた子どもも、次第に一つの特徴に力点を置くようになります。

それは「形」です。

子どもは、「形」に注目して、モノの名前を覚えることが次のような実験からわかりました。

子どもが知らない動物（実際にはいない架空の動物のぬいぐるみ）に、「ネケ」という名前をつけます。そのあと、その動物と、左ページの❶〜❸の3つの動物のぬいぐるみを見せます。そして、

「ネケはどれ？　ネケをちょうだい」

と聞きます。さて、あなたはどれが「ネケ」だと思いますか？

みなさんはきっと、見本のぬいぐるみに加えて、❶と❷を選んだのではないでしょうか。

私たちは形が多少違っても、「同じカテゴリーのもの」として捉えることができます。例

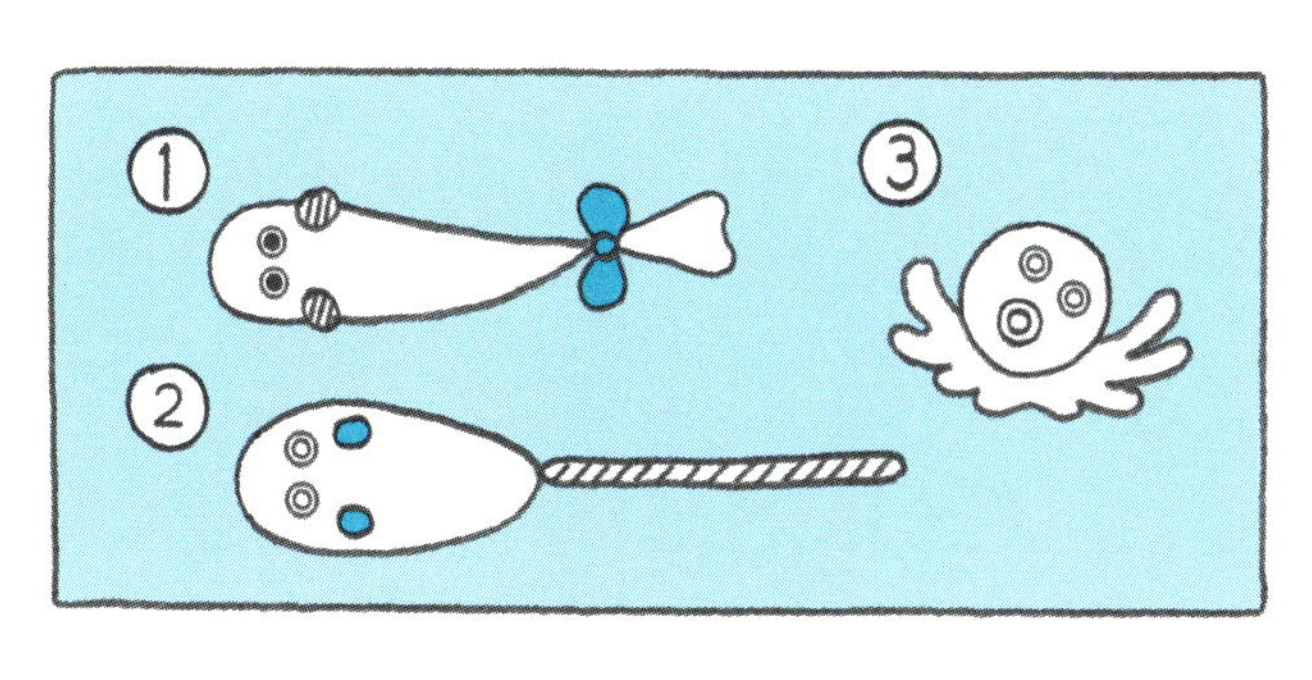

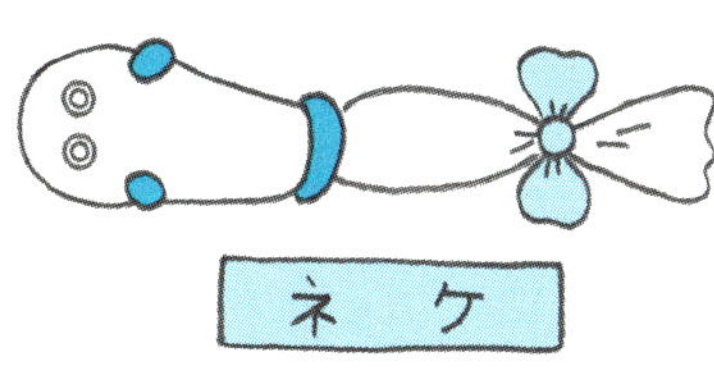

えば、サケもサンマもアジも、「魚」という同じカテゴリーのものとして扱(あつか)うことができるのと同じです。

もし子どもが、「ネケ＝示された動物」と考えたなら、その子は「最初のぬいぐるみ」だけを手に取るはずです。しかし実験では、2歳の子どもの多くが、直接教えられたぬいぐるみだけでなく、❶と❷の動物も手にとって「ネケ」と言ったのです。それまでの経験から、モノの名前は「形が似たものにも使える」「大きさや色や模様は違っても、形が似ていれば同じことばが使われる」ということを「発見」していたのです。

つまり子どもは、「ネケ」という新しい

ことばを、「魚」や「イヌ」、「ネコ」といった「カテゴリーの名前」とみなしたのです。

このように、「形が似たものに同じ名前がつく」ということを発見すると、その知識を使い、新しいことばをどんどん覚えていくことができます。その結果、知っていることばが急速に増えていきます。自分で発見した知識が、新しい知識を生む。知識が成長していくしくみのとても良い例です。

◆知っている言葉が増えると、推測がラクになる

また、子どもは、自分が知らないことばの意味を推測するために、知っていることばの知識も使います。知っていることばが多ければ多いほど、子どもは新しいことばの意味を素早(すばや)く、正確に推測できるようになっていきます。

例えば左ページの絵を見ながら、

「フェップは青いのよ。フェップを探して」

と言ったとしましょう。

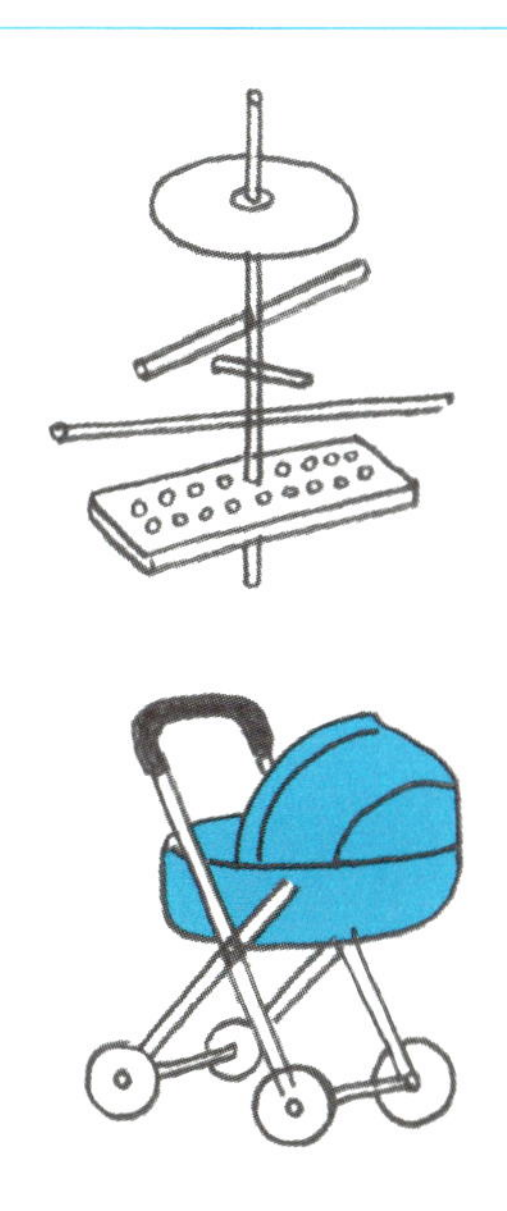

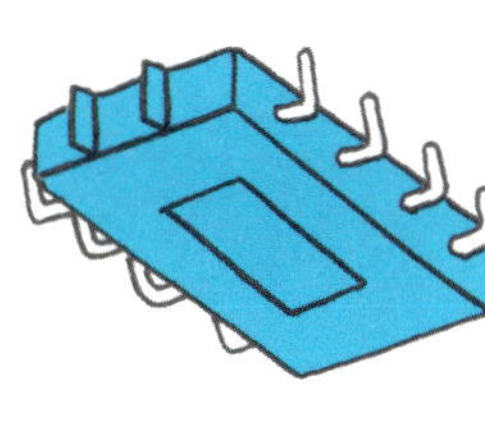

みなさんは「フェップ」はどれだと思いますか？

「クレヨン」と「ベビーカー」を知っているみなさんなら、すでに二択です。左上のモノは「白」のため除外すると、右下のモノが残ります。それが「フェップ」だと考えることができたはずです。

もし、「青」「クレヨン」「ベビーカー」ということばを子どもが知っていれば、みなさんが推測したのと同じ方法で、「フェップ」を絞り込むことができます。このように、知っている単語が多いほど、知らない単語の意味の推測がラクになります。子どもは日常生活の中で、このような推測を繰り返しながら、自然と新しい単語を覚えていくのです。

一方で、「青」「クレヨン」「ベビーカー」ということばを知らなければ、「フェップ」は4つのどれなのかまったくわかりません。そのため、子どもはさまざまな工夫で、わからないことばを探り当てます。

◆発見したことをすぐ別のシーンで応用する

子どもはことばを見つけ出す名探偵です。

「はじめに」の話を思い出してください。「イチゴのしょうゆをちょうだい」と言った子が欲しかったのは、「コンデンスミルク」でした。でも、その名前を知りません。そこで、「食べ物にかけておいしくするもの＝しょうゆ」を思い出します。「食べ物にかけて味をつける液体を、「しょうゆ」と言うのだろう」と推測し、コンデンスミルクも「しょうゆと言えるのでは？」と考えました。

つまり、「しょうゆ」を「モノの名前」ではなく、**「カテゴリー」**として考えたのです。この場合のカテゴリーは「食べ物にかけて味をつける液体」ですね。この例からも、子どもがモノの名前を覚えるときに、「カテゴリー」として捉えていることがわかります。

この子は、「イチゴのしょうゆ」という説明をすることで、「コンデンスミルク」をかけてもらうことに成功したのでした。このように子どもは、知っていることばの数が少なくても、自分の知っていることばを組み合わせて表現をします。そうすることで、自分の言いたいことを示しているのです。

また、「言語のしくみ」を自分で見つけるすばらしい能力もあります。

この能力は、子どもの言い間違いから垣間見（かいまみ）ることができます。

いくつか例を見ていきましょう。

おばあさんがお客様に「粗茶（そちゃ）ですが」とお茶を出したときに、ある子は「おちゃ」ではなく「そちゃ」と言ったことに気づきました。おばあさんに、「なぜ「そちゃ」というの？」と聞いたところ、その答えは「お客さんには「ソ」をことばの最初につけるのよ」というものでした。その子はすかさず、自分の家のネコをお客様に紹介（しょうかい）するときに、

「ソネコです」

と得意げに言ったのです。

言語では、単語に小さな要素をつけて、意味をつけ足すことがあります。例えば「不」がつくと否定になりますし、「お」をつけるとていねいな言い方になります。「粗茶」の「ソ」もそうですね。この子は大人の話を聞きながらアンテナを張りめぐらせ、「いつもと違う要素」を素早く見つけて、その意味を探り出したのです。それだけでなく、発見した「法則」をすぐに自分でも使っています。

ことばを分析(ぶんせき)し、応用する力があることが、この言い間違いの例からわかります。

◆大人が気づかない関係性に気づく

動きのことばでも、子どもはよく言い間

違えをします。

例えばある子は、ボールを蹴る人を見て、

「足でボールをナゲタ」

と言いました。

私はそれを聞いたとき、心底感心しました。なぜこの子は「ナゲタ」ということばを使ったのでしょうか。

「投げる」と「蹴る」は、実はとてもよく似たことばです。みなさんも、どこが似ているのか、ちょっと考えてみてください。「投げる」動作と「蹴る」動作を、まずは頭の中でイメージしてみましょう。似ていますか？　見た目にはあまり似ていませんね。「手」と「足」という大きな違いがありますし、力を加えるときの「手」や「足」の動き方も、ずいぶんと違います。

ではいったい、どこが「似ている」のでしょうか。「投げる」と「蹴る」の両者には、対象、身体、動き、その結果の間に同じ関係があります。

1　ボールに力を加えて、空中に飛ばす。
2　ボールは空中を移動する。
3　最初のところとは、違う場所に着地する。

このように「手」や「足」ではなく、「ボールの動きとその結果」に着目してみると、共通性があることがわかります。「足でボールをナゲタ」と言った子は、「投げる」「蹴る」という動作が視覚的に似ていると思ったのではなく、この2つの動詞が示すボールの動きに着目したのです。同じような言い間違いに、

「歯で唇（くちびる）を踏（ふ）んじゃった」

というものもありました。これは「歯で唇を噛んじゃった」の言い間違いです。

「踏む」と「噛む」をイメージしてみましょう。「踏む」のは足ですし、「噛む」のは歯ですね。ずいぶんと違う動作のように思えます。

しかしどちらも、「上からモノに力を加える」というところで共通しています。「踏む」という動作を、この子は単にビジュアルイメージで覚えていたのではなく、「上からモノに力を加える」動きであることを理解し、「噛む状況」にも使うことができると考えたわけです。

この分析力には脱帽です。

子どもは時に、大人でも気づかないモノ

とモノの間の「抽象的な関係性」に気づくことができるのです。

◆文法も自分で分析して覚える

みなさんは現在、英文法を暗記するのに苦労されているかもしれません。そして忘れているだけで、母語の文法の習得においても、ずいぶんとがんばってきたのです。母語の習得においては、先に文法が解説されることはありません。ですからみなさんは、「文法のルールを探しながら」、母語を習得してきたのです。

よくある子どもの言い間違いに、

「好きくない」
「きれいくない」

があります。「好きじゃない」「きれいじゃない」と、「じゃない」と言うべきところを、「くない」を使ってしまった例です。これは「大きい」「おいしい」などが、「大きくない」「おいしくない」など、「くない」を使った変化をすることに引っ張られてしまった例です。否定をするときには「くない」をつけるという文法法則を覚えて、「好き」「きれい」の否定形をつくるときに応用したのです。

非常に賢い言い間違いです。


「野球にはピッチャーとキャッチャーとバッチャーがいるんだよ」


と言った子もいました。「バッチャー」がなんのことかわかりますか？　そう、バッターです。「ピッチャー」「キャッチャー」ということばを知ったこの子は、「野球で何かをする人は、語尾に「チャー」をつける」と自分で「発見」したのでしょう。そこから「バッチャー」という新しいことばをつくりだしたのです。

「三角いつみき」「おもしろいの本」という言い間違いもよく聞きます。これも「四角いつみき」「ぼくの本」という言い方を知っていて、それを応用して作られた言い間違いです。

子どもは文法も、すでに知っていることばや言い方を分析することで、自らきまりを発見し、間違えながら覚えていくのです。

漢字の読み方も自分で発見

ある4歳の男の子がお母さんといっしょにスーパーに行ったとき、水菜の袋(ふくろ)を指して「ぼくこれ読めるよ。みずなって書いてあるんでしょう?」と言いました。パックには「みず菜」と書いてありました。

この子どもは水菜がどんな野菜か知っていました。「菜」という漢字の読み方は知りませんが、野菜を見て水菜だとわかり、ひらがなの「みず」は読めたから、「菜」を「な」と読むとわかったのです。

「そうだよ、漢字なのによくわかったね」とお母さんがほめて、隣(となり)にあったパックの「こまつ菜」の読みを聞いてみたら、その子どもは「こまつな」と正解したそうです。自分の知識を使って漢字も自然と読めるようになってしまう。ほんとうに子どもってすごいですよね。そしてこのように自分で考えて得た知識は人から教えてもらったことよりずっと深く心に刻み込まれ、忘れることがないのです。

色の名前は意外とむずかしい

例えば3歳ぐらいの子に「青はどういう色か、知ってる?」とたずねると、元気よく、

「知ってるよ。お空の色だよ」

と教えてくれます。

同じ子に青い積み木を見せて「これは何色?」とたずねてみたらどうでしょう。実は、答えられない子がほとんどなのです。いろいろな色の積み木の中から、「青いのを取って」と頼(たの)んでも同じです。「青い積み木」を見つけることはできません。

青　→　空の色、海の色
赤　→　トマトの色、イチゴの色
黄色　→　バナナの色、レモンの色

青い積み木　→　?
赤い積み木　→　?
黄色い積み木　→　?

「赤は何色？」と言うと、「トマトの色」「イチゴの色」と答えられる。でも赤い積み木が「何色なのか」ということは、わからない。青と赤と黄色の積み木を見せて、「赤いのを取って」と頼んでも、きちんと取れない子が3歳児にはとても多いのです。

不思議だと思いませんか？

ここで「青」を知っている、つまり「色」を知っているとはどういうことなのかを、改めて考えてみましょう。

みなさんが現在、普通に使っている「青」ということばですが、これが実はなかなか複雑なことばなのです。「青」ということばは、「空が青」ということを知っているだけでは使えません。「色のグラデーションの中にある、このへんの色が青」という理解だけでも使えないのです。

では、「青」という言葉を使うためには、何を知らなくてはいけないのでしょうか？　みなさんは「青」ということばをどうしてそんなにすんなりと使いこなせているのでしょう。

「青」がわかるために必要なのは、「水色」「紺」「緑」「紫」などの「青に近いことば」です。「青」に似ているけれども、違う色のことば。それらを知ることで初めて、「青」ということばを定義することができるのです。それは「青の範囲」がわかるということです。そのことばを取り巻く隣のことばを知っていて、その隣のことばとの区別がつくということ。そこまでできて初めて、「青」ということばを使うことができるようになります。

３歳くらいだと、「水色」が「青」とどう違うのかをわかっている子は少数です。これが５歳ぐらいになると、「薄い青のことを水色というのだ」ということがわかるようになります。すると「青」との違いがはっきりして、「青」も「水色」もわかるようになります。色に関することば全体の理解が、ぐっと深まるようになるのです。

◆日本の色と世界の色

色の範囲は、国や言語によって違いがあります。

アメリカのカリフォルニア大学の研究グループが、１１９の言語の基礎的な色の数を調査した研究があります。基礎的な色の名前「基礎名」の数には、言語によって違いがあります。日本語や英語は多いとされ、およそ11ほどです。

この研究チームは、基礎名というのは、「これは何色？」と聞かれたときに、「〇〇」と言い切ることができる色、さらに、「黄緑（黄＋緑）」のように色を組み合わせた名前や、

「水色（水＋色）」のようにモノの名を借りた名前ではない色の名前のことと定義しました。

あなたが基礎名だと思う色の名前をあげてみましょう。ちなみに先に例に出した、青、赤、黄色は基礎名です。


青、赤、黄、黒、白、灰、緑、茶、紫、（オレンジ、ピンク）

このあたりが、日本語の基礎名なのでしょうか。

オレンジやピンクは外来語で、日本語では「橙色（だいだい）」「桃色（もも）」となるため基礎名には入らないように思えます。しかしみなさんも、オレンジ色やピンク色を指して「これは赤ですか？」と聞かれれば、「オレンジです」「ピンクです」と明確に赤と区別して答えるはずです。ですからこれらの色は、日本語でも基礎名に入れていいかもしれません。また「水色」や「黄緑」も、それぞれの色を「これは青ですか？」と聞かれれば「いいえ、水色です」、「これは緑ですか？」と聞かれれば「いいえ、黄緑です」と答えるので、日本語では基礎名と考えてよいかもしれません。

基礎名の数が最も少ないのは、パプアニューギニアのダニ族という部族の言語です。こ

水色
紫
緑

の言語では、基礎名は2種類しかありません。実は色の名前が3〜4という言語は調査した119の言語の中で20もあり、4〜6という言語も26もあります。一番多かったのは、6〜7の基礎名を持つ言語で、その数は34にのぼりました。10以上の基礎名を持つ日本語や英語の方がめずらしいのです。

例えば、「青」と「緑」を区別する言語は少数派です。119のうち、30言語しかありません。また、英語と日本語のように「青」と「緑」を区別する言語でも、その示す範囲が同じとは限りません。信号の「進め」の色は日本語では「青」ですが、英語では“green（緑）”です。ですから同じ色の話をしているようで、違った色の話をしているということがあるのです。

実はことばを覚える前でも、赤ちゃんは、緑と青、赤とピンクの色の区別ができます。「ちがう」ことはわかるのです。しかし、「区別ができる」ことと、「青（緑）の意味がわかる」ということは同じではありません。この色が「青」に含まれる（つまり面の中にある点のひとつ）ということはわかっても、**点がつながって面になり、隣のことばとの境界がわかって、面の範囲が決まらないと、そのことばの意味がほんとうにわかったことにはならない**のです。

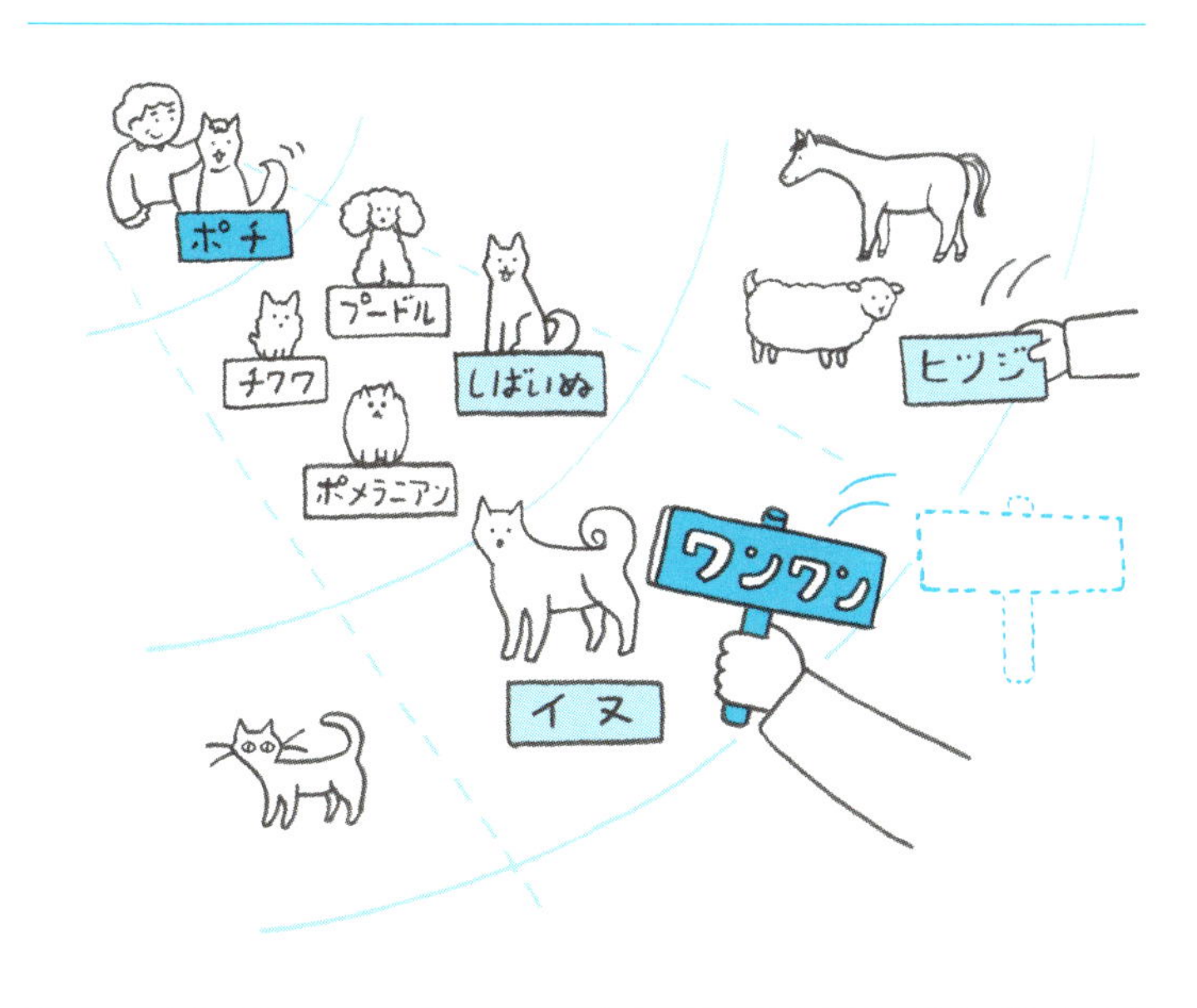

◆「ヒツジ」を覚えると、「ワンワン」の範囲が狭まる

一つ新しい単語を覚えると、その単語は、子どもがすでに持っている他の単語と関係づけられます。新しく覚えた単語は、語彙の表面にペタンと張り付くのではありません。その単語が入ってくることによって、それと関連する他の単語の意味が変わります。

例えば、ヒツジのことを「ワンワン」と呼んでいた子が、「ヒツジ」ということばを覚えたとしましょう。すると、「ヒツジは「ワンワン」ではない」とわかるようになり、「ワンワン」の範囲を「イヌ」の範囲に近くなるように修正することになります。

また、おばあちゃんが飼っている「しばいぬ」や、お隣さんが飼っている「プードル」は、「イヌ」と並ぶことばではなく、「イヌ」に含まれる名前であることもだんだんとわかるようになります。そしておばあちゃんの「ポチ」は、「しばいぬ」の特定の個体の名前だ、ということにも気がつきます。

ポチ　＜　しばいぬ　＜　イヌ　＜　ペット　＜　どうぶつ

「ポチ」は「しばいぬ」に含まれ、「しばいぬ」は「イヌ」に含まれる。そして「イヌ」は「ペット」であり、それは「どうぶつ」に含まれる。このようなことばの「含む—含まれる」という「縦の関係」がわかるようになるのです。

また、「モノの名前」には「しばいぬ」「プードル」「チワワ」「ポメラニアン」のように、そして「ヒツジ」「ヤギ」「イヌ」「ネコ」のように、「対立する関係」——「ヒツジ」なら

「イヌ」ではないといった――があることも学んでいきます。「AであるならBではない」という「横の関係」です。

◆ことばの範囲をみつける「手がかり」とは？

ことばに「含む―含まれる縦の関係」があること。そして、「AであるならBではない」という「対立する横の関係」があることがわかりました。私たちはことばを覚えるときに、「何を手がかりにして」これらの関係性を見つけているのでしょうか。

このことを直接確かめるために、私は2歳の子どもを対象にある実験をしました。

まず、Aグループの子どもたちに、卵の形をしたボールを見せます。そしてそれを指さして、

「これはヘクだよ」

と教えます。子どもたちは、それが「ヘク」だと聞く前は「ボール」と呼んでいました。

しかし、「ヘク」ということばを教わった後に、「これは何？」と聞くと、答えが変化して

いました。

「それは「ヘク」で、「ボール」じゃない」

と言うのです。以前は「ボール」と呼んでいた卵型の物体は、今では「ヘク」という新しいモノに変化しました。「ヘク」であり「ボール」ではない（AであるならBではない）という「対立する横の関係」だと、Aグループの子どもたちは考えたわけです。

Bグループの子どもには、水玉模様のある球形のボールを見せ、同じように「これはヘクだよ」と教えます。すると、こちらのグループの子どもたちは、

「これは「ヘク」だけど、同時に「ボール」でもある」

という反応を示しました。つまりここでは、「ヘク」は特殊（とくしゅ）な種類のボール（ボールの一種）であると考えたわけです。「含む―含まれる」という「縦の関係」です。

子どもたちは何を手がかりにして、「縦の関係」と「横の関係」を判断したのでしょう

か？　もう一度、イラストを見ながら考えてみましょう。

答えは「形」です。

もとのカテゴリーに合う形をしていたら、新しい名前は、知っている名前の下にくる（もとのカテゴリーに含まれる）名前。「縦の関係」です。「これは「ヘク」であると同時に、「ボール」でもある」としていた、Bグループの子どもたちがそうでした。

もとのカテゴリーから外れている形をしていたら、新しい名前は、知っている名前とは別のカテゴリーを指す名前。「横の関係」です。「それは「ヘク」であり、「ボール」ではない」とした、Aグループの子どもたちがそうでした。

子どもは2歳にして、語彙がどのような関係からできているかを分析し、新しいことばがそのどこに収まるのかを考えています。**新しいことばを覚えるとき、その見分け方もいっしょに探り出している**のです。

◆大きいネズミと小さいゾウ？

ことばの大切な役割のひとつは、「関係」を表すことです。「大きい―小さい」。いつも使うことばですね。どんなときにこれらのことばを使いますか？「もっと大きなケーキがほしい」「ぼくのハンバーグは小さすぎる」など、モノの大小を表すときに使います。しかし、「大きい」「小さい」は、実はとても抽象的なことばです。ここでちょっと考えてみてください。

大きいネズミ
小さいゾウ

どちらが大きいでしょうか？

ゾウですよね。ちなみに「世界最大のネズミ」といわれるカピバラも、「世界最小のゾウ」であるボルネオゾウより小さいのです。

「大きい」「小さい」ということばを使うためには、基準が必要です。その基準は、はっきり口に出されることはありません。しかし、みなさんが話をするときには、必ず頭の中である基準を設けています。

では、次のように言うときの（みなさんの頭の中にある）基準、「何と比較（ひかく）しているか」を教えてください。

「大きいゾウ」
「ゾウは大きい」

「このゾウは大きい」

「大きいゾウ」と言うとき、みなさんの頭の中には、「他のゾウ」がいます。それと比べて、「大きいゾウ」だと言っているのです。

「ゾウは大きい」となると、比べる対象が変わります。ここではゾウと他の動物を比べているはずです。ただ、「このゾウは大きい」となると、目の前にいるゾウを指しているため、やはり「他のゾウ」と比べていることになります。

「大きい」「小さい」ということばを使うとき、私たちは自分中心の視点ではなく、他との比較や関係性の上でものごとを見ています。これを**「相対的に見る」**といいます。

「大きい―小さい」ということばを使うとき、私たちには比べるための**「枠（わく）」**が必要です。ゾウの大小での話であれば、それは「ゾウ」という枠なのか、「動物」という枠なのか。話し手と聞き手の間で、この枠が共有できてはじめて、このことばの意味が理解できるのです。しかし、この枠は目には見えませんし、話し手が明示することもありません。ですからみなさんはこの枠を自分で探さなければならないのです。

小さい子どもは最初、「大きい」「小さい」を特定のモノと結びつけて考えます。

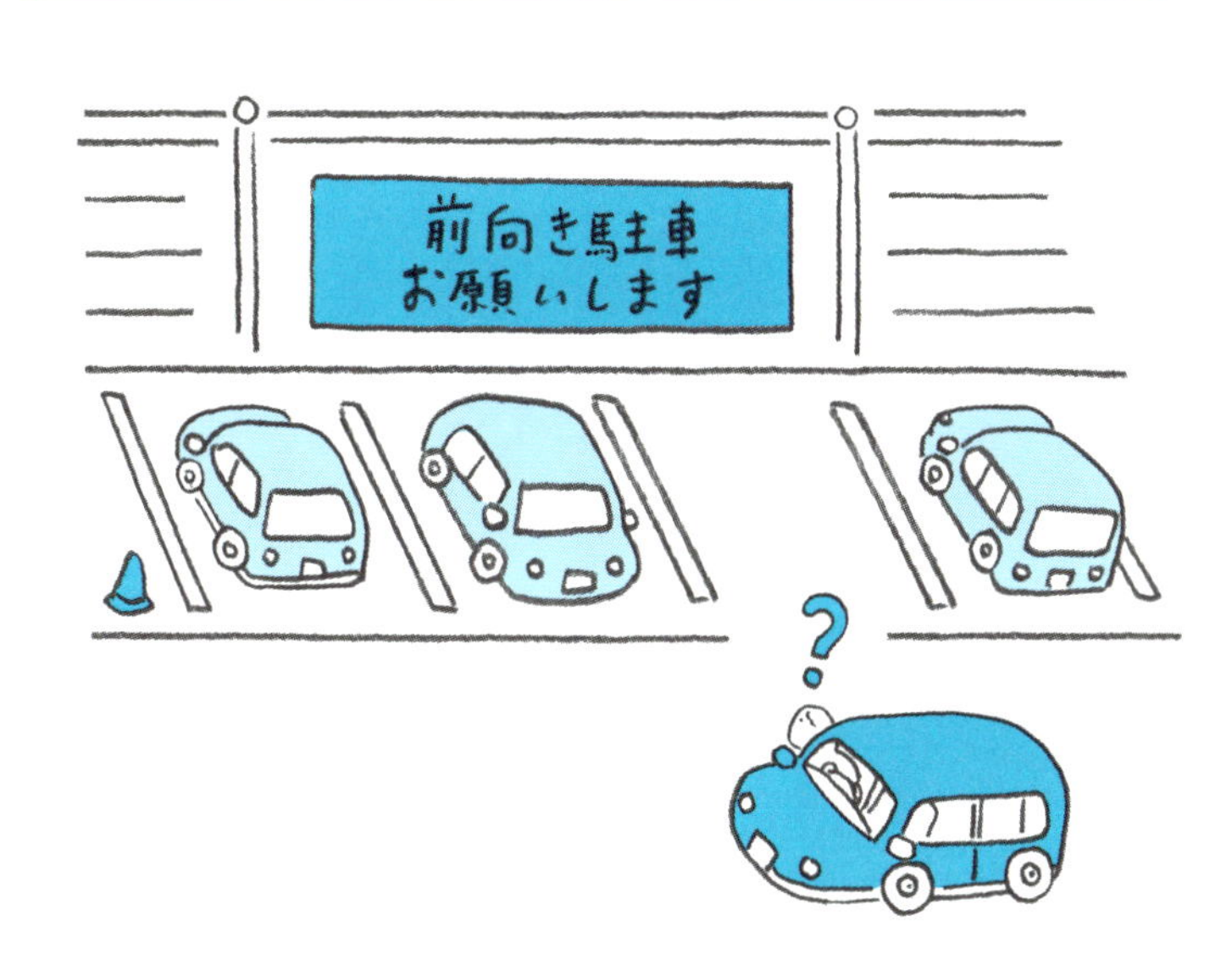

ゾウはいつも大きくて、小さいゾウはいない。アリはいつも小さくて、大きなアリはいない。そう思っています。でもそのうちに、「小さいゾウ」もいるし、「大きいアリ」もいると気づく。

世界を固定したものとして捉えるのではなく、相対的に見ることができるようになるのです。

◆前後左右を伝える――「自己中心枠」と「モノ中心枠」

「前」「後」「左」「右」も、関係性によって成り立つ相対的なことばです。これらのことばを使うには、使うときに「自己中心枠」なのか、「モノ中心枠」なのかを自然と意識しています。

パーキングスペースに、「前向き駐車(ちゅうしゃ)お願いします」と書いてあるのを見たことがある方もいるでしょう。そのような駐車場をみつけたら、次回はぜひ、駐車している車の向きを確認(かくにん)してみてください。きっと通路側を向いている車もあれば、その反対側を向いている車もあるはずです。

なぜ「前向き」と注意書きがあるのに、それを守らない人がいるのでしょうか？　いいえ、みな注意を守ってそうしているのです。これは「前向きの枠」が、人によって違うことが原因です。ある人は「自分の進行方向が前」と考え、ある人は「通路の方向が前」と思ったのです。前者は「自己中心枠」。運転している自分を中心に「前」を捉えて、そのまま壁(かべ)に向かって「前向きに」駐車をしています。「通路の方向が前」と考えてバックで駐車した人は「モノ中心枠」。「通路が前、壁が後ろ」と考えて「前向きに」駐車をしたのです。

「前」「後」など方向を示すことばを使うとき、このように「自己中心枠」「モノ中心枠」という二つの枠があります。これらのことばを使うとき、話し手はどちらの枠なのかを無意識に決めています。そして聞き手は、話し手の想定する「枠」を探さなければなりませ

ん。

もちろんこれは「前」ということばだけの話ではありません。「右」「左」も同じです。「右」「左」は、東西南北のように絶対的に決まった方向を示しているのではありません。あくまで、「自分の右・左（自己中心枠）」もしくは「○○の右・左（モノ中心枠）」であり、場合によってはまったく別の方向を指すことばです。例えば、向かい合うあなたと相手の右は逆になり、あなたの右方向は相手の左方向になります。

私は、日本人がどのように「右」「左」ということばを使っているのかを、実験で調べたことがあります。モニターで上の絵をバラバラの順番に見せて、

「花びんは○○（丸椅子（まるいす）・椅子・ロボット・テレビ）の＊＊にあります」

という文章の中の「＊＊」部分に、「右」「左」を入れてもらうという実験です。みなさんも、それぞれの絵の下に「右」「左」と書き込んでみてください。

これらの絵の中で、「右にあります」とほぼ100％の人が答えた絵があります。どの絵だと思いますか？

それは丸椅子の絵です。

これを見た人はみな、花びんは「右にある」と答えました。つまり「自分の右」、「自己中心枠」で捉えたということです。

自分から見て、右にあるということですね。

　一方、「左」と答えた人が多かったのは、ロボットです。「花びんはロボットの左にあります」と答える人が55％いました。ロボットの左、つまり「モノ中心枠」での答えです。

　面白(おもしろ)いのが、背もたれ椅子での答えです。同じ椅子なのに、背もたれがついた椅子になると、「右にある」という答えは54％に落ち込みました。つまり46％の人は「左にある」と答えたのです。自分が背もたれ椅子に座(すわ)っている様子が頭に浮(う)かんだのでしょうか。椅子の形によって、「自己中心枠」「モノ中心枠」が変わったユニークな例です。

　私たちはこんなにも複雑な心の操作をあたりまえにして、「前」「後」「右」「左」ということばを使いこなしているのです。

　みなさんは母語を「生きた知識」にするために、これだけのことをしてきたのです。ちょっと自分が誇(ほこ)らしく思えてきませんか？

第2章

問題解決に必要な「推論の力」

ことばは「暗記して覚える」ものではありません。

みなさんは幼いときから、そして現在でも、ことばの意味や範囲、枠を探しながら話をしています。形に注目したり、モノの関係性を探ったり、文法を分析したり、読み方を発見したり、範囲を広げたり、その範囲を狭めたり、自己中心・モノ中心という枠を決めたり。そもそもことばは、カチンコチンに固まった意味を持っているものではありませんから、柔軟に使いこなせるようになるためには、いろいろ試し、失敗しながら覚えるしかありません。暗記だけで、使えるようにはならないのです。

この章では、これまで見てきた「ことば

の力」がどのように、「考える力＝思考力」と関わり合うのかを見ていきたいと思います。

「考える力」はことばの学習を通して成長していきます。ことばの力と考える力は、みなさんの右足と左足のような関係です。歩くとき、右足が前に出れば、自然と左足も前に出ますよね。ことばの力が伸びれば、考える力も同時に伸びていきます。そして考える力が伸びれば、ことばの力も自ずと伸びていくのです。

◆「思考力」っていったい何？

考えること、つまり「思考」というと、なにかすごく難しいことのように思われるかもしれません。

しかし、心理学で使われる「思考」ということばが示す範囲は、かなり広いものです。もちろん何か難しい問題をじっくり考えることも「思考」の一つですが、コンビニで「カレーパンにするか、メロンパンにするか」を悩むのも「思考」の一つです。「思考」とは、頭の中で考えを巡らせることだけではありません。目の前にあるものを見たり、理解したり、それを覚えたりすることを含みます。そういった意味で、みなさんは（起きている間は）常に思考をしているといっていいでしょう。

「次はどうなるのだろう？」「次はどうしよう」と考えることも立派な思考の一つです。探偵マンガを読んでいるときに犯人は誰なのかを予想したり、「カレーパンかメロンパンか」という選択をしたり、宿題を忘れて「先生になんて言おうか……」と策を練るのも思考です。

みなさんはこのように思考しつつ、そこにある問題を解決しようとしているわけです。思考力はこのように、問題解決をする力につながっていきます。その時に大切なのは、「**推論**」です。やすやすと問題解決をしてくれる名探偵の最大の特徴は、この推論の力がずば抜けているというところです。どんな事件でも、手持ちの知識や情報は限られます。手持ちの知識や情報を使って、未知の事態に対応できるかどうか。そこが名探偵になれるかどうかの分かれ目です。

この推論という作業ですが、実は私たちもことばの学習をするときに繰り返し行っています。そういった意味で、母語を使いこなしているみなさんは、すでに「探偵」といえるのです。では「ことばの探偵」は、いったいどのような推論を日々行っているのでしょうか。

◆推論① 相互排他の推論

推論とは、ある事実をもとにして、わからないことを推し量ることです。例えば1章に出てきた「青いフェップ」を探すときの思考の過程が推論です（22ページ）。みなさんはまず、候補の絵の中の2つの絵が「ベビーカー」と「クレヨン」だとわかりました。そして「白」いものを除外し、残りが「青いフェップ」だとしましたね。

これは立派な推論です。

名前を知っているもの（A）と、知らないもの（B）があるとき、知らない名前を聞くと、「Aではないから、このことばはBだ」と推論します。これは「相互排他の推論」といい、みなさんも日常的によくしています。例えば、次の単語の中で、「探偵」を示す英単語を選べと言われたら、この単語を知らなくてもわかるはずです。

daughter
doctor
detective

“daughter（娘）”と“doctor（医者）”はわかるから、最後の単語detectiveが「探偵」だと推論を働かせることができますよね。

◆推論② アナロジーの推論

推論には**「アナロジー（類推）の推論」**もあります。

「いちごのしょうゆ」のことを思い出してください。コンデンスミルクが欲しかった子が、「食べ物にかけておいしくする液体の名前が「しょうゆ」」だと思い出し、これをいちごに応用した例です。「いちごのしょうゆ」は、味や見た目の「同じ」ではなく、食べ物とそれをおいしくする液体という「関係の同じ」を捉えたものです。

このように、関係の「同じ」を見つけ出し、知らないことを推測する推論を「アナロジー（類推）」といいます。

「歯で唇を踏む」も同じ推論です。「踏む」という動詞が、「上からモノに力を加える」動きであることを理解し、「噛む状況」にも使うことができると考えたわけです。「噛む」ということばがわからない状況での立派な推論です。

相互排他の推論

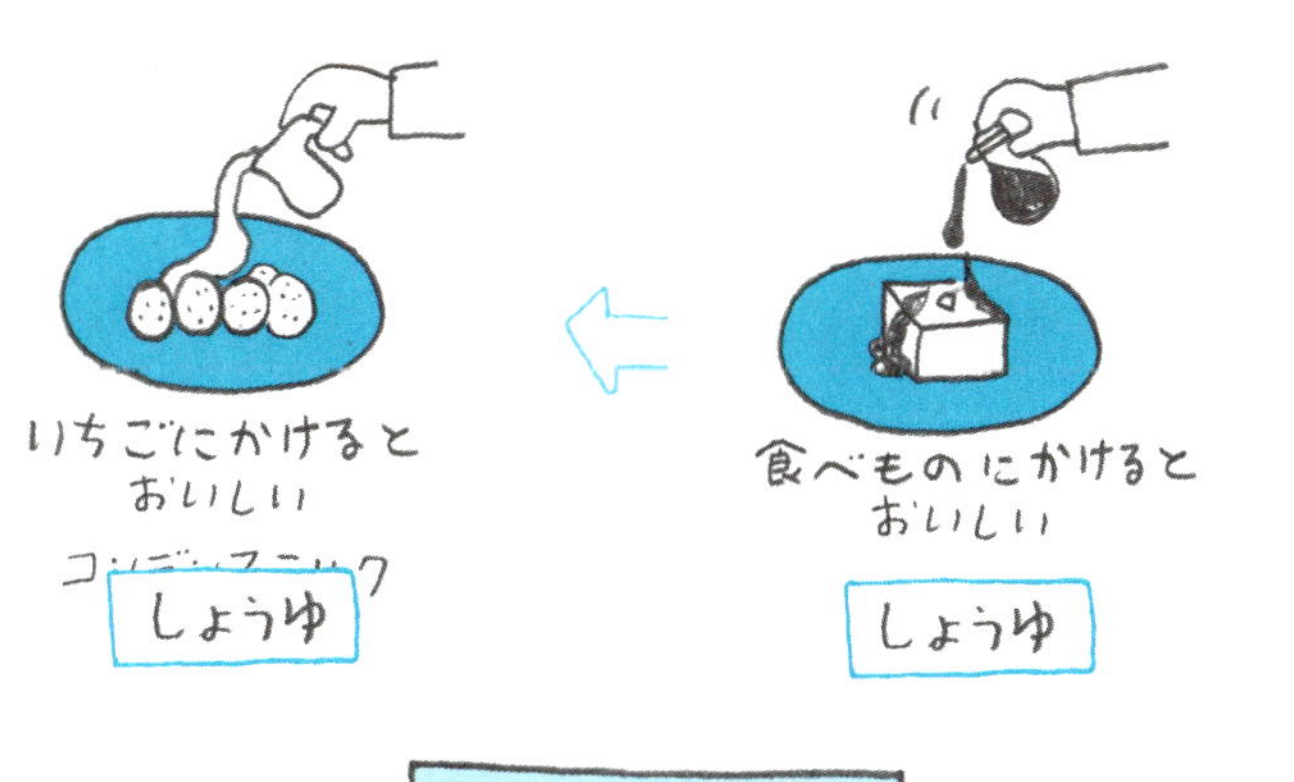

アナロジーの推論

◆推論③　帰納推論

「ピッチャー、キャッチャー、「バッチャー」」という言い間違いも、推論の働きによるものです。この推論は、数ある事例の中から共通したパターンを見つけ、それを新しい事例に応用する推論で、専門的には**「帰納推論」**と言います。

英語を習い始めたばかりのとき、過去形の不規則変化に嫌になる人は多いはずです。

これはネイティブの子どもも同じで、よく、

I goed to the pool.

といった間違えをします。

これは、ネイティブの子が、日常的に使う語彙が増えた頃に起こります。たくさんの語彙を使うようになって、「過去形には -ed がつくようだ」とわかってきたところでこういった言い間違いが出てくるのです。

私たちはこのようにして、**相互排他の推論、アナロジーの推論、帰納推論などを組み合**

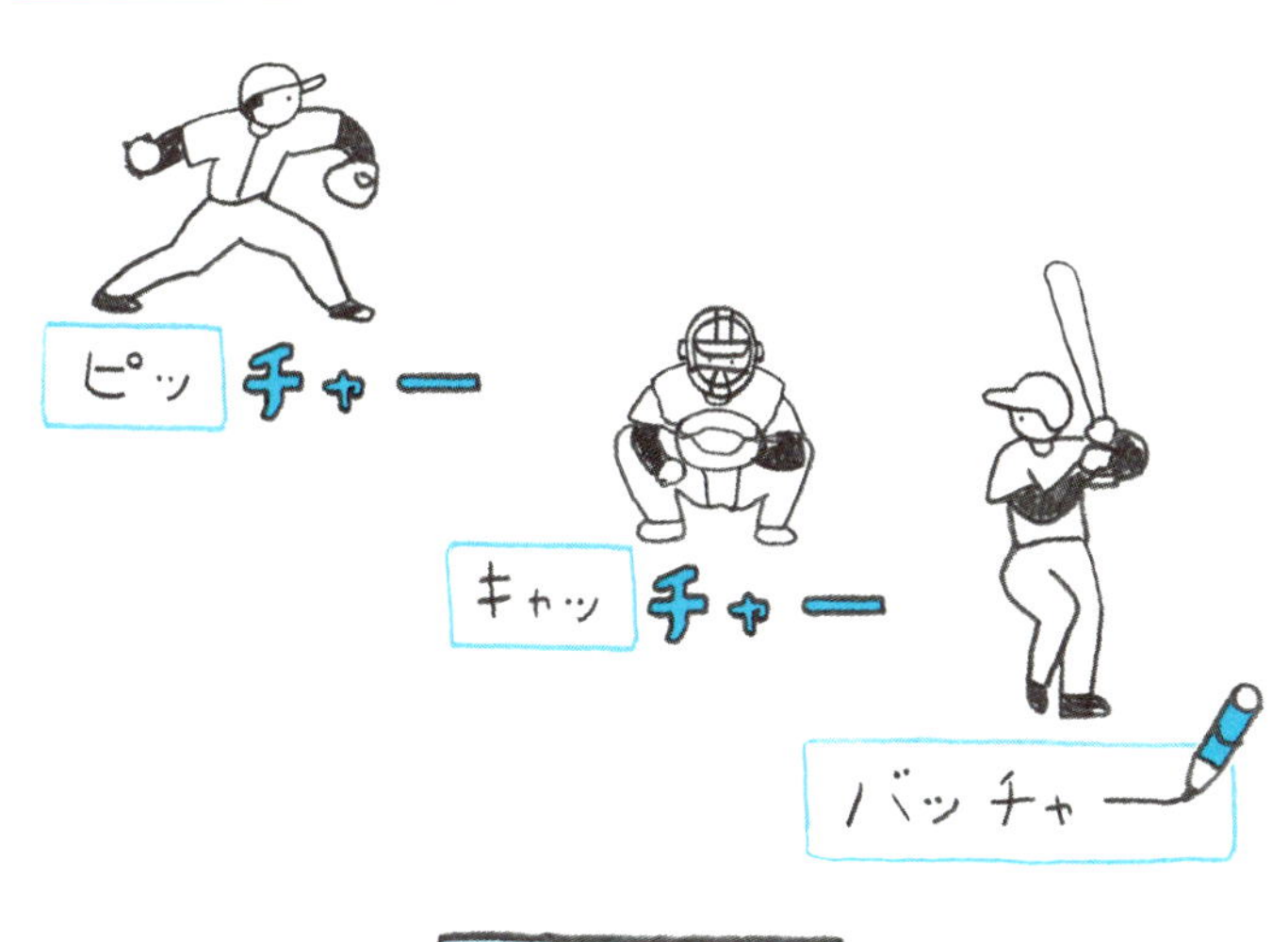

わせながら、目の前にあることばを推測しています。この推測を繰り返すことで、どんどん使えることばが増えていきます。

　これらの推論の方法はちょっとややこしいですが、「冷蔵庫に取っておいたケーキが誰かに食べられてしまった！」という「事件」が起きた場合でまとめておきましょう。

「パパとママはまだ家に帰ってきていないから、家にいた弟が食べた」というように、「Aではないから、Bだ」と考えるのが「相互排他の推論」。

「弟はスーパーで、低い位置に置いてあるお菓子を簡単に見つけ出す。低い位置に隠したケーキを簡単に見つけ出したのは弟に違いない」というように、「関係の同じ」を見つけ出すのが、「アナロジーの推論」。「残ったアイスを食べたのは弟」「残ったプリンを食べたのは弟」「残ったせんべいを食べたのは弟」という数ある事例から、「ケーキを食べたのは弟」だと考えるのが「帰納推論」です。

このような推論の力を使って、「ことばの探偵」であるみなさんは、わからないことばへの遭遇（そうぐう）という問題を解決しながら、次々と新しい知識を自分でつくっています。推論をする力は、「考える力」のコアになるとても大事な能力です。そして推論をするためには、その助けとなることばが必要です。ことばの知識が増えれば増えるほど、問題を解決するための手持ちの情報が増えることになるからです。

◆生まれながらに持っている高度な力「アブダクション推論」

「ことばの探偵」であるみなさんが使っている推論には、次の3つがあることがわかりました。

・相互排他の推論　「AではないからBだ」と考える。→アブダクション推論
・アナロジーの推論　「関係の同じ」を見つけ出す。→アブダクション推論
・帰納推論　数ある事例を参考にして考える。

最後にもう一つだけ、ことばの習得に重要な**「アブダクション推論」**についてお話をしておきましょう。「相互排他の推論」も「アナロジーの推論」も、このアブダクション推論に含まれます。

アブダクション推論は日本語では、「仮説形成推論」と言われます。アブダクション推論というのは、現象の原因について仮説を立てたり、違う分野の知識を組み合わせたりすることで、**「目には見えない現象を推論する」**ことです。先にお伝えしておけば、アブダクション推論は「仮説」ですから、答えが一つに決まらないことがあり、さらに間違うこともあります。

初めて聞く言葉で、難しく感じられる方もいるかもしれません。

しかし、みなさんも日々、アブダクション推論を行っています。例えば、相手に送った

メッセージが「既読」になっているのに、返信がないとき。「何か怒らせることをしちゃったかな？」「今、忙しいのかな」「もう寝ているのかも」など、目に見えない相手の気持ちや行動を想像するはずです。これもアブダクション推論の一つです。現象（既読スルー）に対して、その原因の仮説を立てているわけです。仮説は一つではありませんし、間違っている場合もあります。

赤ちゃんの場合は、ことばを覚えるためにアブダクション推論を行います。アブダクション推論の特徴は、そこに「目には見えないメカニズム（構造）」を発見することです。

例えば「いちごのしょうゆ」の例では、いちごにかける白くどろっとした液体（練乳）は、「食べ物にかけておいしくする」というメカニズムを発見した、ということができます。しかし、それが「れんにゅう」ということばで呼ばれることは知りません。でも「しょうゆ」ということばは知っていて、しょうゆも「食べ物をおいしくする液体」だから、あの白い、どろっとして甘い液体は「いちごのしょうゆ」ということができるという仮説を立てたわけです。「ソネコ」の例もそうでした。大人の「ソチャ」ということばを聞いて、「お客様に伝えることばには、「ソ」をつける」というメカニズムを発見し、「ネコにも「ソ」をつける」という仮説を立て、すぐに応用しています。

小さい頃に『ノンタン』シリーズ（キヨノサチコ著、偕成社（かいせいしゃ））の絵本を読んだことがある方も多いかもしれません。ノンタンには「タータン」という名前の妹がいました。この絵本を読んだある子が、自分のことを突然（とつぜん）「タータン」と呼ぶようになりました。なぜその子は、自分のことを「タータン」と呼ぶようになったのでしょうか？　ヒントはその子の生まれ順です。

この謎（なぞ）は、もうおわかりですね。その子は「妹」だったのです。

ノンタンとタータンの関係性から「兄と妹（タータン）」という関係性を発見し、「妹を「タータン」と呼ぶ」という仮説を立て、自分の呼称（こしょう）として使用し始めたのです。

みなさんも母語を習得するために、「いちごのしょうゆ」や「ソネコ」、「タータン」のような推論を繰り返してきたのです。

1 アブダクション推論……仮説を立てる
2 自分で使ってみる
3 修正する

私たち人間がことばや概念を短期間で急速に覚えられるのは、このように、数少ない事例から他の事例へと、アブダクション推論によってことばの使い方を急激に広げたり、飛躍するような使い方をすることができるからです。ある事例とある事例が「同じ」と思い込むことで、まだよく知らないことばを使うことができるのです。

このように大胆にことばを使えば、間違いも多くなります。ただここが大事なところで、間違うからこそ修正がなされ、正しいことばの範囲が身についていくのです。

動物すべてを「ワンワン」と呼んでいた子が、ネコに対して「これはネコだよ」、ヒツジには「これはヒツジだよ」と言われると、先ほど述べた「相互排他の推論」をして、ネコ、ヒツジを「ワンワン」から除外し、「ワンワン」の範囲を修正します。「これはウマだよ」と修正されることで、「ワンワン」の正しい範囲がわかるようになる。このようにして、私たちはことばを覚えていくのです。

また、新しい知識を生み出せるのも、アブダクション推論です。アブダクション推論は誤ることもありますが、大胆な仮説を立てることができます。「りんごが木から落ちる」という現象を何万回観察しても、「万有引力(ばんゆういんりょく)の法則」は発見できません。ニュートンが新しい法則を発見できたのは、目に見えないメカニズムに気がつき、大胆な仮説を立てることができたからです。既存の知識を、他の分野に拡張する。大きな発見につながるのはアブダクション推論です。

◆知識を素早(すばや)く取り出す力――情報処理能力

期末テストの歴史の問題。範囲は鎌倉(かまくら)時代です。

さて、次のような記述式の問題が出題されました。

Q. 封建(ほうけん)制度における将軍と御家人(ごけにん)との主従関係とはどのようなものか説明せよ。

将軍と御家人の間にあった関係とはどのようなものだったでしょうか？　ここですぐに「御恩と奉公」という知識が浮かんできたら、スラスラと回答できます。「将軍から御恩として領地を与えられた御家人は、奉公として将軍のために戦った」。

もしここで、「御恩と奉公」ということばがすぐに思い浮かばなかったとしたら、この問題を解くのに長い時間がかかることでしょう。回答できないかもしれません。

自分の頭の中にあることばを、どれだけ早く取り出せるか。もたもたせずに、ささっと必要な情報を記憶から取り出すことができれば、その分、思考する容量を推論に使うことができますし、そのための時間も確保することができます。

記憶の中に存在する、問題解決に必要なことばや概念にアクセスし、素早く取り出せる能力のことを**「情報処理能力」**といいます。

これは年齢とともに発達していきます。子どもによって差はありますが、基本的には1歳半の子どもより、2歳の子どものほうがずっと素早くことばの取り出しができます。

2002年にスタンフォード大学で行われた実験で、このことが確かめられました。

赤ちゃんにテレビモニターの前に座ってもらいます。赤ちゃんが知っているはずのモノ、例えばウサギとイヌの写真を見せます。そして赤ちゃんに「ウサギを見て」と語りかけます。

まだ1歳台の赤ちゃんでも、正しいほうの絵、つまり「ウサギ」を見ることはできます。しかし、最初はウサギとイヌの間で視線が泳いだり、しばらくイヌを見つめてからやっとウサギを見たりします。それが2歳になると、「ウサギを見て」と言われるとすぐに、ウサギに視線を動かすことができるようになります。

同時にこの研究では、２歳の時点で、ことばを記憶から取り出すスピードに、子どもの間でかなり差が出ていることもわかりました。知っていることばを取り出す能力が低い子どもは、知らない単語の推測も苦手でした。私たちは新しい単語の意味を考えるときに、すでに知っている単語を思い出して関係性を考え、推測をします。きっかけとなる最初のことばが記憶から素早く取り出せないと、ことばを増やすことも困難になってしまうのです。このように、問題解決のために、すでに覚えた知識を探し出して取り出す能力は、ことばを増やすためにも必要です。知らないことばの意味を推論するということは、まさに探偵がするような問題解決なのです。

◆思考をコントロールする能力——実行機能

もうひとつ、「考える力」に含まれる大事な能力に、「思考をコントロールする力」があります。これは「実行機能」と呼ばれるものです。「思考のコントロール」には次のようなステップが必要です。

——1—— 必要な情報に注意を向け、情報を取り入れる。
——2—— 複数の情報を一時的な記憶の貯蔵庫にためておき、取り出せるようにする。
——3—— 不必要な情報に注意が向かないようにする。

例えば国語の長文問題を解くときに、このようなやり方をしている人もいるかもしれません。先に設問を読み、問題文を読む際にはポイントになりそうな部分に線を引くなどして注意を向けます。そして、そのキーワードを頭に入れます（——1——）。問題文を読みつつ、それらのキーワードをすぐに取り出せるように頭の中で整理します（——2——）。

1
2
一時的記憶貯蔵庫
キーワード
重要
!
キーワード
ポイント
大事
POINT
POINT
3

そこまでできれば、読み終えた後、すぐに解答することができるはずです。

しかし実は記憶の中の情報の取り出しの素早さだけでは足りません。多くの状況では、情報があふれています。多すぎる情報の中で、必要な情報のみに注目し、不必要な情報へ注目しないよう、思考をコントロールする必要があります。情報への注意をコントロールする力を実行機能と言います。(―3―)。

この「思考をコントロールする実行機能の力」は、新しいことばを推測するうえでとても大切です。

母語を習得する際、私たちは「動き」よりも「モノ」に注意を引き付けられます。例えば、着ぐるみのクマが手を振(ふ)っていた場合、子どもは「手を振る」という動作よりも、「クマ」という存在に注目してしまいます。「クマさんがいるよ」と話をするかもしれません。たぶん「手を振ってるよ」とは言わないでしょう。

しかし、動詞を覚えるためには、モノではなく、動きに注目しなければなりません。「必要でない情報には注意を向けない」ことが、ここでは特に大事になってきます。動詞を学習するためには、クマが「手を振る」シーンと、クマが「握手(あくしゅ)」をしているシーンを見たときに、これら2つが「違う動作」であり、「違うことば」が当てはまるとみなす必

要があります。

そして、クマが「手を振る」シーンと、パパが「手を振る」シーンが、「同じ動作」であり、「同じことば」が当てはまるとみなす必要があるのです。動詞の意味を知るためには、行為者（クマ・パパ）への注意を抑えて、行為者と行為の関係性（手を振る）に注目し、関係性の類似性（共通するところ）に気がつくことが必要なのです。

新しいことばが「様子を表すことば（形容詞）」なら、様子や特徴に注意を切り替える必要があります。「トイレ」に対しても「お姉さん」に対しても、同じく「キレイ」ということばを使うことができるのは、モノや人そのものに注意を向けているのではなく、その様子に注意を向けているからです。

◆詰め込んだ知識も、取り出さなければ意味がない

「考える力」というのは、**「知識を使って、推論し、問題を解決する力」**であるといえます。問題の解決には、推論が必要です。推論をするためには、脳に記憶されている必要な知識に素早くアクセスして取り出す「情報処理能力」と、必要な知識や情報に注目し、不必要な情報へ注目しないように思考をコントロールする「実行機能」が欠かせません。この2つの力に支えられてはじめて、推論が可能になり問題解決ができるのです。

スッキリした頭は、整理された冷蔵庫のようなものです。

「お腹が空いた」という「問題」を解決するために、冷蔵庫を開けると、野菜室にはにんじん、玉ねぎ、じゃがいも、ピーマン、トマト、きゅうりが、冷蔵室には肉、魚、豆腐が入っています。他の野菜は無視して、にんじん、玉ねぎ、じゃがいもをさっと取り出し、肉を手に取ります。何をつくるか。カレー粉があればカレーを、肉じゃがでもいいかもしれません。カレー粉がなかったので、この日は肉じゃがをつくりました。「お腹が空いた」という問題は無事解決されました。

たくさんある具材（知識）から、目的のものをさっと取り出すことができれば（情報処理能力・実行機能）、「何をつくるか」という推論も楽になります。もし、賞味期限切れのものも含めてぎゅうぎゅうだったり、逆に何も入っていないような冷蔵庫だったとしたら、すぐに料理に取りかかることはできないでしょう。料理することをあきらめてしまうかもしれません。問題解決の道が遠のいてしまうのです。

「暗記＝学力」と考えている人がいるかもしれませんが、暗記とは整理せずに冷蔵庫にひたすら具材を詰め込んでいるようなもの。取り出して使う、つまり考えることをしなければたくさん詰め込んでも意味はありません。いろいろなことを断片的（だんぺんてき）に暗記しても、「考える力」がついていなければ、自分の力で学習できるようにはならないのです。

私たちは日々、すでに持っていることばの知識を使い、新しいことばの意味を考える練習をしています。この練習を繰り返すことで、情報処理能力と実行機能は向上していきます。そうすれば推論にますます磨（みが）きがかかり、新しいことばも増えていきます。同時に「考える力」も伸びていきます。

ことばの力と考える力は、右足と左足のようにお互（たが）いを支え合いながら、成長していくのです。

第3章

学校で必要になる「ことばの力」

今学校で学んでいるみなさんが気になるのは、学力に関することだと思います。ここでは、**「ことばの力」と「学力」の関係**について考えていきたいと思います。

まず、「ことばの力」には、2つの大きな誤解があります。

ひとつは、日常生活において日本語を自由に話していれば、ことばの力に問題はないと思われている点。もうひとつは、ことばや漢字をたくさん知っていれば、ことばの力が高いと思われている点です。

日常生活のことばに不自由しなくても、たくさんのことばや漢字を知っていても、それだけでは残念ながら十分ではありません。学力を伸ばすために必要なのは「抽象的なことば」です。

◆抽象的なことばが出てくる「9歳の壁」

赤ちゃんのときから日本語が話される環境に育てば、自然ときれいな発音で日本語を話すことができるようになります。みなさんもきっと、自分の日本語に対して疑問を持つようなことはなかったはずです。

ただもしかすると、小学校で急に学校の授業が難しく感じた時期があったかもしれません。現在進行形で勉強が難しい、という方もいるかもしれませんね。そう感じているのは、あなただけではありません。

小学3年生から4年生頃の時期、勉強がわからなくなり、嫌いになる子が増えます。これは「9歳の壁」といわれる現象です。3年生から4年生の時期は、いろいろな教科で抽象度の高い内容が出てくるようになります。そうすると、生活の中で使われてきた日常のことばだけでは、理解が追いつかなくなってしまうのです。

ちなみに「抽象」というのは、物事のある要素や性質を抜き出してまとめたもので、この反対は「具体」です。例えば、「机」「椅子」「食器棚」「ソファー」などは具体的なことば、これらの性質を抜き出してまとめた抽象的なことばは「家具」となります。同様に、「サッカー」や「卓球」は具体的なことば、「スポーツ」は抽象的なことばです。この本で何度も出てくる「思考」や「推論」も抽象的なことばですし、「ことば」自体が抽象的なことばです。

抽象的なことばは目で見ることができないので、理解が難しい。机や椅子は見ることも触ることもできますが、「家具」は目にすることができません。

学校では学年が上がるにつれて、どの教科でも抽象的なことばが使われるようになります。「食物連鎖」「消化器官」「飽和水蒸気量」「密度」「溶解度」などは、いずれも小学校の理科で習うことばですが、ぱっとイメージが浮かぶことばではありません。「食物連鎖」を目で見ることはできませんし、日常生活で聞いて自然と覚えることばでもありません。こういった抽象的なことばが、次々と教科書にでてくるようになることで、勉強がわからなくなり、嫌いになってしまうのです。

みなさんの「ことばの探偵」としての推論の力、分析力、応用力は素晴らしいものです。ですから、特別な日本語の訓練をうけなくても、日常的なコミュニケーションができるようになりました。しかし残念ながら、生まれ持ったことばの学習能力だけでは、学校の勉強で必要な抽象的な概念を身につけることはできないのです。

みなさんの中には、外国にルーツをもつ方がいると思います。

日本で生まれ育ち、お父さん、お母さんの話す言語があまり話せない方もいるかもしれません。そういうみなさんの日本語の発音は、周りの人と変わらず、日本語が得意でないお父さん、お母さんはすっかり安心しているかもしれません。それは学校の先生も同じです。みなさんの日本語力に、まったく問題がないと感じていると思います。

しかしみなさんの中には、勉強が難しいと感じている方がいるかもしれません。もしかするとその原因は、抽象的なことばかもしれません。困っているのであれば、ぜひ周りに相談してください。

勉強につまずいている子、外国にルーツのある子が、抽象的なことばの獲得に困っていないか。学校の先生には、その部分に注意していただければと思います。抽象的なことばというのは、日常生活ではあまり使われることがありません。読書などを通じて、身につけていくものです。学校で学びに使うことばは、日常生活のことばとは違うのです。

◆ことばでつまずくケース

国語だけでなく算数や理科でも、ことばの問題でつまずいてしまうことがよくあります。小学2年生の算数の授業を見学したとき、子どもたちは次のような問題に取り組んでいました。

> 子どもが14人並んでいます。えいたさんの前には6人います。えいたさんのうしろには何人いますか？

2年生ももう終わろうとする時期。足し算、引き算はもちろんできます。この問題は、2年生の算数で子どもが手こずる「難問」として知られています。みなさんも解いてみてください。

この問題を難しくしているのは「前」ということばです。

パーキングスペースの「前向き駐車（ちゅうしゃ）」の話でお伝えしたように、「前」というのは非常

に難しいことばでした。この問題では、子どもたちが同じ方向に一列に並んでいて、並んでいる方向が「前」であると認識（にんしき）することがまず必要です。そして「えいたさんの前」には6人いて、えいたさんはその「うしろ」にいること。問題では「えいたさん自身のうしろ」にいる子どもの人数を聞いています。ですから、14から前の6人を引くだけでなく、えいたさん自身の1を引かないとうしろに何人いるかを答えることができません。式にすると「14－6－1＝7」となります。

計算は難しくないのに、「前」「うしろ」ということばの理解で難問となっている問題です。

同じ計算式となる問題でも、

> アメが14個あります。えいたさんの友だちが6人いて、ひとり1個ずつアメをとりました。えいたさんも1個とりました。
> 残りはいくつでしょう。

という聞き方をしたら子どもたちはこんなに苦労せずに解くことができたでしょう。式は同じく「14－6－1＝7」となります。

抽象的な概念を理解するのは大人でも難しいものです。そして新しい抽象的なことばを説明されるときに、理解できないことばがいくつも出てきたとしたら……。

一つひとつのことばがあやふやで、まだ完全には理解できていないのに、教科書にはどんどん新しい抽象的なことばが出てきます。そしてあるとき、「先生が話す日本語は理解できるけれど、授業の内容はまったく理解できない」という状態になってしまうのです。

例えば理科の教科書にある、身体が空気をどのように循環(じゅんかん)させるかについての説明文を見てみましょう。

> 鼻や口から入った空気は、気管を通って左右の肺に入ります。肺には血管が通っていて、空気中の酸素の一部が血液にとり入れられます。血液からは、二酸化炭素が出されます。そして、二酸化炭素を多くふくんだ空気は、気管を通って、鼻や口からはき出されます。
>
> (東京書籍(とうきょうしょせき)『新編　新しい理科6』2015年度)

ここには、日常ではあまり使わない「気管」「血管」「酸素」「二酸化炭素」などのことばが一度に出てきます。また、「とり入れられる」「はき出される」など、あまり聞かない複合動詞が、しかも受け身の形で使われています。

このように、学校での学びに必要なことばは、日常の生活で使うことばと違います。つまずいたら、一つひとつのことばの意味に立ち戻(もど)って、時には辞書を引きながら確認することが大切です。

◆状況に合わせてことばの意味を考える

英単語を覚えるさい、意味がたくさんあって嫌になることがあると思います。

例えば、“country”には、「国、田舎、地方」などの意味があります。ですから、使われる文脈によって、これらを訳し分けなければなりません。

英語だけでなく、これは日本語も同じです。

ことばの意味というのは、たった一つの状況でだけ使われる「点」のようなものではありません。ほとんどのことばは、使われる状況によって少しずつ意味が異なる「面」のような広がりを持っています。同じことばでも、時にはまったく違う意味で使われる場合もあります。

例えば「切る」という動詞について考えてみましょう。

「切る」ですぐに思いつくのは、包丁やナイフ、はさみなどで何かを切る場面です。でも、「水を切る」「スイッチを切る」のような使い方もします。比喩として、「気持ちが切れる」「関係をたち切る」などの使い方もします。

「切る」ということばをもし、「包丁などで何かを切る」という場面に結びつけて意味を覚えていたとしたら、違う場面で使われる「切る」の意味がわからないかもしれません。これは、ことばの力が弱い場合に起こる共通した問題です。さらにいえば、私たちが外国語を学ぶときにもひんぱんに起きている問題でもあります。

まず私たちが意識しなければならないのは、**ことばにはたくさんの意味があり、文脈や状況によって違う意味を持つ**ということです。

◆新しいことばが、ことばや知識を増やす

学力を伸ばすためには「抽象的なことば」が必要だということ。そしてことばにはたくさんの意味があり、それを使いこなすことが必要だということをお話ししてきました。

右足と左足のように、ことばの力と考える力は連動しています。ですから、ことばの力が弱いと、考える力も伸びません。すると、学校のいろいろな教科で次々とでてくる新しいことば（概念）の理解も進みません。

例えば「食物連鎖」という新しい概念を理解するためには、「自然界の生物が、食う・食われるの関係で、鎖状（くさりじょう）につながっていること」という文章が理解できなければなりませ

ん。もし、この文章のなかでわからない単語が2つあったらどうでしょう。

「＊＊の生物が、食う・食われるの関係で＊＊につながっていること」

これでは「食物連鎖」という新しいことばを理解することはできません。食物連鎖という新しいことばを覚えるためには、「自然界」「鎖状」ということばも必要なのです。

一方で、「食物連鎖」ということばを自分の知識にしておくことで、

「バクテリアなどの微生物(びせいぶつ)は、食物連鎖には直接関係しない」

といった文章を理解することができるようになります。「微生物は、生物の食う・食われるの関係の外側にあるのだな」と考えることができるわけです。新しいことばを手に入れれば、芋(いも)づる式に新しいことばや知識が増えていきます。そしてそれは、考える力をどんどん伸ばしてくれるのです。

◆ことばを「生きた知識」にする方法

では、抽象的なことばをひたすら暗記すればいいのか。

そうではありません。大事なのは、抽象的な意味のことばを「死んだ知識」としてたくさん持つことではありません。**今持っている知識と結びつけることができることばをたくさん持ち、「生きた知識」にする**ことです。

数学が苦手なAさん。でも速度の計算はばっちりです。Aさんは陸上部の長距離選手で、常にペースを気にして練習をしています。自分の身体を使って、速さを知っているのですね。授業で「速さ＝道のり÷時間」と習っても、しばらくするとすっかり忘れてしまいますが、自分の身体を使い、五感を使って身につけた概念は、しっかりと生きた知識になります。

料理が好きなBさんは、中学で「炭酸水素ナトリウム」の実験をしたときに、「パンケーキが膨らむのは、このせいか！」とわかったといいます。先生が「炭酸水素ナトリウムは、パンケーキに使う重曹、ベーキングパウダーと同じです」と言ったからです。炭酸水素ナトリウムを加熱すると、水と二酸化炭素が発生します。この二酸化炭素が、パンケーキをふっくらさせていると実験を通じてわかったわけです。「料理は科学」といいますが、パンケーキの中でまさに化学変化が起きていたのですね。

このように毎日の生活の中で、自分の行動や、モノとモノの間にある関係性に目を向けるようになると、これまで頭に入ってこなかった抽象的なことばや学習内容が、自分の身体や生活と結びついてきます。抽象的な「速さ」という概念が身体でわかる。炭酸水素ナトリウムの働きが、ふわふわのパンケーキという具体的な例で理解できる。これが抽象的なことばを理解するために、とても大事なことです。

ことばの意味は大人が外から教えることはできません。

それは抽象的な概念を指すことばでも同じです。私がどんなにことばを尽くして、「速度」をみなさんに伝えようとしても、「わかった！」ということにはならないはずです。計算はできるようになるかもしれません。しかし本当に「速さ」を理解するためには、Aさんや B さんのようにその知識を自分の経験や、自分の中にしっかりと根づいている知識と結びつけることが大切なのです。ことばを自分の身体や経験と結びつけることを、専門的な用語で「記号接地」といいます。「記号接地」については115ページでお話しします。とても大事なことばなので、頭のすみに入れておいてくださいね。

◆英語学習の考え方

外国語の学習についても考えていきましょう。

会話中心だった小学校時代と異なり、中学に入ってから、英語学習が急に難しくなったと感じる中高生は多くいるでしょう。中には、「小さい頃から英会話を習っておけば、こんな苦労はしなかったのに……」と感じている人もいるかもしれません。

ここで、みなさんに知っていただきたい、とても大事なことがあります。

そもそも「小さい子どもは英語の発音や単語を覚えるスピードが速い」ということと、「小さい時から英語の勉強を始めればだれでも英語が自由に使えることになる」ということはまったく別のことだということです。多くの人はこれを混同しています。

小さい子どもは大人よりも外国語を覚えやすい。これは大方間違いではありません。しかし、これは「大人になったら外国語を覚えられない」ということとイコールではありません。

「９歳の壁」は、実は英語学習にも当てはまります。

英語の達人になるためには、抽象的な概念を自分の身体の一部のように英語で扱（あつか）えるようにならなければなりません。母語でさえも「９歳の壁」をなかなか乗り越（こ）えられないことを考えると、かなりハードルが高いことがわかると思います。

グローバルな社会になり、世界的に問題になっているのが「母語でも第二言語でも思考できない子ども」の増加です。例えば日本語を話す両親のもとアメリカに生まれて、小学校まで現地で過ごしたとします。日本語も英語もネイティブなみにペラペラです。うらやましいですね。

でも、本人は非常に苦労することが多いのです。

家で話す言語と、暮らす国の言語の2つを同時に学ばなければならないというのは、ただでさえ子どもにとっては負担です。そのような中で、子どもは抽象的なことばを獲得(かくとく)していかなければなりません。しかし、それはかなり難しい。すると言語習得が日常会話レベルにとどまり、ペラペラなのに、深い話ができなくなってしまうのです。

子どもの言語発達を専門にしている私のもとには、海外で子どもを育てる日本人の親御(おやご)さんから、たくさんの相談がきます。その時には、「日本語でも現地のことばでもいいので、片方の言語学習に力を入れて、少なくとも一つの言語では抽象的なことばを使って深い思考ができるようになる」ことが大事だとお伝えしています。

日常会話が何か国語でできても、それだけで深い思考はできません。一つの言語で構わないので、抽象的なことばを操(あやつ)ることができるようにすることが大切です。

もしみなさんが、日本で育ち日本語を母語としているのであれば、**日本語で抽象的な概念を扱い、思考を深めることができるまでしっかりと国語の勉強をする**ことです。外国語は、国語の能力の伸びに寄りそうように伸びていきます。小さい頃から英語を習っていなくても、まったく心配ありません。

◆暗記だけをしても意味がない

では、日本語が母語の人が、外国語学習をする場合を考えていきましょう。

外国語については、非常に多くの生徒たちが暗記科目と思っているようです。そして「日本語の単語の中心」と「外国語の単語の中心」を一緒(いっしょ)のものとして暗記をしています。

しかし、日本語の単語と外国語の単語の意味がまったく同じであることは、ほとんどありません。それぞれの意味の枠(わく)は、重なる部分があったとしても、違う部分も大きいのです。

例えば日本の高校生の多くは「know＝分かる」という訳を当てて覚えていることが多いようです。すると「制服でどの学校の生徒か分かる」という文を英訳するときに、

We can know the school where they go.

というような不自然な英文をつくってしまいます。英語を母語とする人は、「knowは使えない」と言うでしょう。実際にはknowではなく、identifyやdetect、find outなどの動詞を使うでしょう。しかし日本語を母語とする人は「分かる」という日本語に引っ張られてknowとしてしまうのです。これは暗記によって「know＝分かる」と「点」としての知識としてこの単語を覚えてしまった弊害（へいがい）です。

では、knowという単語には、どのような広がり、つまり「面」があるのでしょうか。これは、辞書をざーっと読むことでつかむことができます。

know……（事実・状況・情報などを）知っている。分かっている。気づいている。理解している。経験上知っている。（人と）知り合いである。

などとあります。どうやらknowという単語は「（前から）よく分かっている」という意味のようです。

では、この文章の中で「分かる」として使われる単語、identifyはどうでしょうか。

identify……～を（本人・同一物であると）確認する。（人・物を～であると）確認する。認定する。識別する。身元を確認する。

辞書に「分かる」とはありませんが、「制服でどの学校の生徒か分かる」という意味に当てはめるには、ピッタリの単語です。制服によって識別しているからです。

We can identify the school from their uniform.

英作文を適切につくるためには、日本語と英語の意味がイコールではないということを意識しなければなりません。日本語の「分かる」は、knowの場合もidentifyの場合もあるのです。

こういった間違いを繰り返しながら、knowとidentifyは、それぞれどのような文脈で使われているのかを深掘りして、やっとknowという単語を使いこなすことができるようになるわけです。

似ていることばの意味の違いをきちんと理解することが、英単語の深い理解への近道です。一つのことばを深掘りし、似たことばはどんな単語で、どのように意味や使われ方が違うのかを探っていきましょう。

この方法は、みなさんが母語を覚えた方法と同じです。「ヒツジ」ということばを覚えたときに、「ヒツジは「ワンワン」ではない」とわかり、「ワンワン」の範囲を「イヌ」の範囲に近くなるように修正してきましたね（39ページ）。今みなさんは、identifyという単語を覚えたことで、knowの使える範囲を修正したのです。このようにして、少しずつではありますが英単語の意味の枠を、適切なものに調整していくのです。

次の単語は、同じような日本語が当てられますが、使われる文脈は違います。辞書を引いて調べてみましょう。

・study learn

過去
制服で
どの学校の生徒か
「分かる」
identify!
現在
○○中学校
know
分かる
分かる

・see　watch　look
・wear　put on
・hear　listen
・find　look for

英単語は単体ではなくて、似たことばと一緒に覚えましょう。そうすることで、生きた知識として、一つひとつの単語の意味の理解を深めることができるようになります。

英語で学習したことを「生きた知識」にして、英語を実際に使って抽象的な内容を考えたり、表現したりできるようになるために有効なこと。それは、英語を「暗記する」のではなく、日本語との違いを探究して楽しむことです。知識を深めるために大事なことは、**「比べること」**です。英語と日本語を比べることで、これまで気がつかなかった日本語の難しさや特徴に気づくことができるようにもなるでしょう。

◆ことばのセンスを育てる

これからのみなさんの学びに少しでも役立つように、ことばを学ぶ際に知っておきたいことをまとめました。これは母語も外国語も同じです。

・ことばは、そのことばと関連することばと一緒に覚える。
→似た意味のことばや、文中で一緒に使われることばに注意しよう。
・ことばの意味は、「点」ではなく、広がりがある「面」として捉える。
→ことばは複数の意味を持つ。文脈に合わせて意味を使い分けよう。
・抽象的なことばの意味をしっかり本質まで理解する。
→抽象的なことばを手に入れると、新たに別の抽象的なことばも増えていく！

これらのことに注意しながら学習すると、「ことばのセンス」がぐっと上がります。「ことばのセンス」が身についてくると、知識としてのことばの数が増えるだけでなく、新しいことばをさまざまな場面で学習することが容易になります。

本もつっかえることなくどんどん読めるようになります。本から知らなかったことばを知ることができ、語彙も豊かになりますし、知識も増えていきます。知識が増えていけば、推論をする能力も高くなります。つまり「考える力」が育つのです。

第4章

AI時代の「考える力」

みなさんの学校でも、授業にタブレットを利用していると思います。勉強する際には、スマホを辞書代わりにしたり、検索機能を使って調べ物をしたりしていることでしょう。また、２０２２年11月にＣｈａｔＧＰＴが彗星のごとく現れ、サービスを開始して以来、このような生成ＡＩを利用する人も増えてきました。

質問をすれば、スラスラと答えてくれる生成ＡＩ。では生成ＡＩは、私たち人間と同じように「思考」しているのでしょうか？

心理学で使われる「思考」ということばが示すのは、頭の中で問題をじっくりと考えることだけでなく、目の前にあるものを見たり、理解したり、それを記憶したりすることでした。おやつにＡかＢのどちらを買うかを悩んで結論を出すことも思考でした。もちろんみなさんは、この本を読みながら書かれていることの意味を常に考えている、思考しているわけです。では同じように生成ＡＩも「考えている」のでしょうか？

◆東大入試の結果は？　生成AIの思考力とは

２０２４年に行われた東大の入試問題を、ＣｈａｔＧＰＴが解いた結果が新聞で公表されました（日本経済新聞、２０２４年5月5日〈電子版〉）。みなさんはＣｈａｔＧＰＴがどの科目で高得点を取り、どの科目がだめだったと予想しますか？

結果は次の通りです。

英語　１０６点（１２０点満点）
文系国語　53点（１２０点満点）
理系国語　38点（80点満点）
文系数学　１点（80点満点）

理系数学	2点	（120点満点）
世界史	33点	（60点満点）
地理	22点	（60点満点）
物理	5点	（60点満点）
化学	31点	（60点満点）

文系数学が1点、理系数学では2点でした。これではとても東大には合格できません。もちろんChatGPTは、計算は得意です。計算ができるから数学の問題が解けるかというと、それは別問題だということです。物理も同様です。

高得点だったのは、英語です。ChatGPTは翻訳や要約がうまいので、高得点が出せたのだと思います。国語（現代文、古文、漢文）の点数が低いのは、古文が0点だったからです。文系国語の現代文は60点満点中29点、漢文は30点満点中24点と健闘しました。

このような結果から推測されることは、ChatGPTは文章を読み取った上で、翻訳したりまとめたりすることはできるが、「自分で考える」ことができないということです。「問い」の本質的な意味がわからない、つまり、出題者が何を意図してこの問題を作成したかがわからない、といってもいいかもしれません。「問い」に関連した知識（もしくはうんちく）は持っていて、それを出力することはできる。しかし問題で「何を聞かれているのか」ということを理解していないのです。

東大数学に対応できないということは、私にとっては驚きではありませんでした。なぜならChatGPTは、小学校の範囲である分数の問題も正解できないことを確かめていたからです。

◆分数ができないChatGPT

ChatGPT（GPT－3・5）に出した問題（2022年12月確認）と同じ問題を、みなさんも解いてみてください。

―問―

2分の1と3分の1のどちらが大きいですか？

正解は、もちろん2分の1です。もしかするとChatGPTと同じように、3分の1を選んでしまった方もいるかもしれません。この問題、実は小学5年生でも約半数の子が間違えています。

【正答率】
小学3年生　17・6％
小学4年生　22・4％
小学5年生　49・7％
(「かんがえるたつじん」第3版テストとして、2020年10月に広島県福山市内の小学3〜5年生に出題。対象となった生徒は、各学年約150人ずつ、合計約450人)

3分の1を選んだChatGPTに、その理由を聞いたところ、次のような回答がありました。

「分母が小さいと分数の値は大きくなるため、3分の1の方が大きいということになります。」

これを読んで「なるほど」と納得した方は要注意。前半は正しいことを言っていますが、後半は間違っています。にもかかわらず、前半の文章の結論として、後半の文章を示しているのです。

生成ＡＩは、全体の文章を見渡して辻褄が合っているかを検証することはしません。そのため、このように内容がコロコロと変わることがあります。「首尾一貫した解答をつくる」ことをしないのです。これでは東大の問題は解けません。

ただこのとき、みなさんが「３分の１より、２分の１の方が大きい」という正しい知識を持っていないと、流暢に書かれたＣｈａｔＧＰＴの文章にだまされてしまいます。スラスラと文章を読み、「そうか」と納得してしまうのです。

これは「流暢性バイアス」と呼ばれる現象です。私たちには、辻褄が合わないことでも、流暢に書かれた（言われた）文章（発言）を信じてしまう傾向があります。**人間は、実はすごくだまされやすい**のです。ですから、生成ＡＩが出してきた文章を読むときには、「人間はだまされやすい」ということをまずは思い出してください。

◆「分数を理解する」とは、どういうことか？

「GPT－3・5」のバージョンでうまく答えられなかったこの問題。「GPT－4」では、正答できるようになっていました。しかし正答への手順は、人間の思考のしかたとはずいぶん違っていました。GPT－4は通分して、答えを出したのです。

みなさんはこの問いに対して、わざわざ通分はしないはずです。あるものの「量」が1であると考えたとき、2人で分けたときと3人で分けたときでは、2人で分けたときのほうが取り分は多い。このように分数という「数」を「量」に置き換えて、どちらの量が多いかを「直観」で判断するはずです。

一方、ChatGPTは、人間が持つような、「数と量を対応づける直観」を持っていません。分数が「どのくらいの量に対応するか」、そして「それぞれの量が互いにどのような関係にあるのか」ということは理解していないのです。

そのことは次の問題でも確かめられました。「GPT－4」に基づく回答です（2023年4月25日確認）。

問　次の3つの数を小さい方から並べたとき、正しいものはどれでしょう。

99/100　101/100　100

A　99/100　<　101/100　<　100

B　100　<　99/100　<　101/100

C　99/100　<　100　<　101/100

3つの数の大小を比べる問題です。正解はどれでしょうか？　99/100と101/100が1に非常に近いことがわかれば、すぐに解答を導くことができます。答えはAです。

しかし、ChatGPTの答えは、Cでした。

なぜ、このような間違いをしてしまうのでしょうか？

ChatGPTは、インターネット上にある情報を参照して、答えを導き出します。おそらく参照しているデータの中に、「99、100、101」という「並び（配列）」が非常に多く存在するのでしょう。一方で、「99、101、100」という数字の「並び」はほとんど存在しなかったのだと思います。分数の「意味」を理解していないChatGPTは、数字の「並び」に着目してCを選んでしまったと考えられるのです。

ChatGPTは、なぜ間違うのか。その根本的な原因は、AIは「意味」を理解しないからです。

その分数が数直線上でどのあたりにあり、どの整数とどの整数の間にあるのかというような「直観」も、ChatGPTにはありません。

AIの特徴は、「意味を理解しないこと」。そしてこのような「直観を持たないこと」です。そしてそれはそのまま、人間の考える力との違いになります。

◆「直観」とは何か?

「直観」というと、ちょっと理解しにくいかもしれません。具体例を出して、説明していきましょう。

あるテレビ番組で、讃岐うどんを作る達人を取り上げていました。うどんの材料は、「小麦粉、塩、水」だけです。コシはこの材料の配合の仕方と、足で生地を踏む力加減や時間で変わります。毎日同じ味とコシのうどんを作るためには、毎日同じ配合で、同じ力加減で生地を作ればよいのでしょうか？　実は違うのです。毎日、気温や湿度は違います。それなのに、毎日同じことをすると、出来上がるうどんの味やコシは違ってしまうのです。このうどん作りの達人は、「その日の気温や湿度によって、塩と水の分量を毎日微妙に変える」と言っていました。生地を踏む力加減も調節するそうです。それらの加減を決めるのは、直観だけが頼りです。

こうした直観を得るのは、たやすいことではありません。

しかしみなさんの中にも、自分が夢中になっている分野において、自ら工夫し微調整をしながら進めていることがあると思います。それは、バスケットボールでのシュートや、ピアノを弾く際のタッチの加減かもしれません。ゲームをクリアする際に「こっちに行ったらヤバイ」と感じることもそうかもしれませんね。ある技術に対して何らかの直観を得るには、長い時間が必要です。

これは、勉強も同じです。数式を解いていて「なんか違うかも……」と感じるとしたら、だんだんと数学的な直観が磨かれてきたのかもしれません。この直観こそ、中学・高校で数学を学習していくために欠かせない要素だといえます。また英文を書いて、「しっくり

3
12月
2
1
10月
2024
8月
2020
2006

こない」と感じるのも同じです。

私たちは一生を通じて、多くのことを学びながら、同時に直観を磨いているのです。

ＣｈａｔＧＰＴは、このような直観的な思考はできません。そして、想像力もありません。ＣｈａｔＧＰＴにできるのは、集積された知識の要約や整理です。ネット上にある大量の情報を集め、次に来そうな単語を確率的に計算してもっともらしく自然に見える文章を作ることは得意です。しかし、**本当の意味で新しい知識を創造することはできない**のです。

それが人間とＡＩの違いです。

先ほどのうどん作りの達人のことをもう一度考えてみましょう。

うどんの味とコシは気温と湿度によるとわかっているとします。毎日達人がうどんを作るときの気温と湿度の値（あたい）を入力し、そのときの塩と水の量を測定します。足踏みの回数や踏む強さも、機械で測定できるでしょう。これらの値をすべて入力してＡＩに与（あた）えれば、ＡＩは「気温と湿度が○○のときには、水と塩はそれぞれ何グラムで足踏みはこの強さで何回」ということを学習し、教えてくれるはずです。そしてそのとおりにうどんを作る機械もできるでしょう。その機械が作ったうどんは、達人のうどんにかなり似ていて、おいしいと思います。

でも、達人とまったく同じものができるでしょうか。できないと思います。達人は、気温と湿度以外の要因を「直観的に感じ取り」、無意識に調整しているはずです。それを口で説明することは、なかなかできません。その直観的な「感覚」こそが、人間独自の熟練の技や創造性の源なのです。それを完璧にＡＩに移植することはできないはずです。

人間は学びの過程で、考え、間違え、それを自ら修正することで、技を身につけると同時に、直観を磨きます。 この直観こそが、この先みなさんが学ぶうえで非常に大切なものです。

もし無自覚なまま、考えることを放棄して生成ＡＩを活用すれば、みなさんの知性に大きなダメージを及ぼしかねません。なぜなら私たちの学びにとって必要不可欠な「意味」を見つけ、「直観」を育む機会がその分だけ減ってしまうからです。うどんの達人が、うどんをこねる機械を使いだしたら、自ら微調整をしながらうどんをこねることはできなくなってしまうでしょう。

小さいころから生成ＡＩに頼り、生成ＡＩに「答えを教えてもらう」ことに慣れてしまうと、本来人間が持っていた「意味の理解」が失われ、「直観」を働かせて新しい知識を創造していくことができなくなる。私はそのことを懸念しています。

◆「答えがひとつでラクチン」が危険な理由

生成AIが知性に悪影響を与えかねないのは、これまで活用されてきた検索とは大きな違いがあるからです。

検索ではさまざまな参照先が示されるのに対し、生成AIで示される答えは「ひとつ」のベストアンサーが提示されることがほとんどです。検索エンジンは順位付けするにせよ、答えを示すわけではありません。しかし、生成AIはバシッとひとつの答えを示してくれます。ここに情報を見比べたり、選んだりという思考の働きはうまれません。

さらにまずいことには、たったひとつのこの答えが、間違っている危険性もあります。これは分数の問題で見てきたとおりです。ですから、現在ビジネスの場面で生成AIを使っている人たちは、自分がよく知っている分野に限ってこの機能を利用しています。知らないことを知るための検索機能としては、使っていないのです。

例えば生成AIは、プログラミングが得意です。かなりいい精度のプログラムを書くといいます。ただ、これをプログラミングを知らない素人が使うと、どこが間違っているのかがまったくわかりません。熟練したプログラマーは、そんなふうには生成ＡＩを使いません。たたき台を生成ＡＩにつくらせ、最後は必ず自分で目を通し、間違いを修正し仕上げているのです。

みなさんはもしかすると、生成ＡＩを探究学習などに利用しているかもしれません。しかし、調べることを目的とした生成ＡＩの利用には細心の注意が必要です。知らないことを生成ＡＩだけで調べることはおすすめできません。

◆外部装置に頼ることで、「考える力」が失われる

私が一番危惧しているのは、生成ＡＩの性能の良し悪しではなく、学ぶみなさんのマインドの方です。幼いうちから生成ＡＩを使うことで、「生成ＡＩに聞けばいい」というマインドが育ってしまうことを心配しています。

それは、自分で考えないということだからです。

「考える力」というのは、複雑な脳の働きを必要とします。

脳に記憶されている必要な知識に素早くアクセスしてそこに注意を向け、不必要な情報

からは注意をそらします。そして絞り込んだ知識を使って、さまざまな推論をしていきます。このような過程を経てはじめて、問題の解決ができる。

考えるというのは、とても複雑な脳の働きなのです。

しかし、生成ＡＩなどの外部装置に答えを出してもらうのが当たり前になると、私たちは考えなくなり、また、考えることができなくなってしまいます。考えるということには、地道な訓練が必要だからです。

以前、あるホテルで宅急便を出したときのことです。

１５００円の送料を「現金でお願いします」と言われました。あいにく細かいお金がなかったので、１万円札を担当の若い従業員に手渡しました。１５００円だから、おつりは８５００円です。暗算でできる範囲の計算ですよね。しかしその方は、その計算をスマホでした後、１万円を超えるおつりをトレーに載せました。私はつい、「１万円より多いですよ。１５００円の代金で、１万円より多かったらおかしいって思いません？」と聞いてしまいました。するとその方は、もう一度スマホで計算をし直し、「間違えました」と言って８５００円をトレーに置きました。この「もう一度スマホで計算する」という様子に、私は不安を覚えました。

「計算はスマホでするもの」と思い込んでいる（もしくは会社から指示されている）のかもしれません。実はこのようなことがあったのは、一度ではありません。「スマホで計算したほうが間違いがないのでは？」と思う方もいるかもしれませんが、打ち間違いをしないという保証はありません（現に打ち間違えで多くのおつりをくれようとしたのですから）。

計算も考える力のひとつです。自分の頭ではなく外部装置に完全に頼っていると、その機能は失われてしまいます。みなさんは脳の体操だと思って、身近なお金の計算は暗算をするようにしましょう。

考えることも、ある種の習慣です。

考えることをやめてしまうと、答えはどこか自分の外にあると思うようになります。自分が作り出すものではなく、生成ＡＩに聞いたら出てくるもの、スマホで計算をしたら出てくるものと思うようになるのです。このような人にとって、正解は「たったひとつ」です。なぜなら生成ＡＩもスマホの計算機も、常にひとつの答えしか提示しないからです。

ただ物事の答えというのは、たいていの場合グレーなものです。白黒つけられるもののほうが少ない。だから私たちは考えるのです。

◆「効率的に知識を身につける」必要はない

私は大学で「認知学習論」という授業を教えています。

最初の授業で、なぜこの授業を受講したいのかを書いてもらいます。すると非常に多くの学生が、「効率的に知識を身につける方法を学びたいから」と書いてくるのです。もし、知識を短時間にたくさん覚えたいのであれば、私の授業に出るよりも、記憶術の修業をしたほうがいいでしょう。

過去には、知識を短時間にたくさん覚えることが重視された時代もありました。中国の試験として有名な「科挙」もそうです。非常にたくさんの知識を詰め込まなければ合格できない厳しい試験でした。その時代にはコンピュータはありませんから、知識をたくさん蓄えている人が、実際に役に立ったのです。

しかし今の時代、検索をすれば簡単に知識や情報にアクセスすることができます。そしてそのことが、重要というわけではありません。「検索で大事なことは、たくさんの情報にアクセスすることだ」と考えている人が多いのですが、これは誤解です。

これだけ多くの情報があふれる今日、大事なことは**情報の海に溺れない**ことです。つまり、自分で直観的に情報を絞り込み、大切な情報といらない情報を区別することです。**情**

報を得ることよりも、選び取る力が必要になっているのです。言いかえれば「情報の本質」を理解する必要があるということです。

なぜなら私たちの記憶容量は、非常に限られているからです。

米国ブラウン大学のスティーブン・スローマン教授は、私たちの記憶容量はほんの1GBほどだと言っています。最新のiPhoneなら、一番容量が少ないモデルでも、128GBもあります。1GBしかない私たちは、入れる情報を選び、一度入れた情報でもいらないものは消すということを繰り返す必要があるのです。人間の情報処理能力は有限で、AIとは違います。限られた情報処理能力の中で学ぶためには、ほんとうに大切な情報――つまり情報の本質――を知り、必要な情報を選び取らなければなりません。それができなければ、私たちは本当に、情報の海の中で溺れてしまうことになります。

◆人工知能研究者の間で有名な「記号接地問題」

この本の最後に、人工知能の研究者の間で30年以上も前から取り上げられている**「記号接地問題」**についてお話しししたいと思います。

AIは一見、人間のことばを理解しているように見えても、意味を理解しているわけではないというお話をしてきました。例えば生成ＡＩがつくる文章というのは、「意味を理解していないある記号」を、「意味を理解していない別の記号」で置き換えるだけ。どこまで行っても、人間が言語で伝えようとする本当の「意味と意図」はそこにはありません し、ＡＩがそれを理解しているわけでもありません。

「記号接地問題」を最初に指摘した認知科学者スティーブン・ハルナッド教授は、「中国語を学ぼうとしたとき、入手可能な情報源が中国語辞書（中国語を中国語で定義した辞書）しかないとしたら？」という話を著書の中でしています。まったく意味のわからない記号の意味を、他の、やはりまったく意味のわからない記号を使って理解することが果たしてできるだろうか、というのがハルナッド氏の発した問いでした。これが「記号接地問題」です。

そしてハルナッド氏は、身体感覚や経験と結びつけずに与えられたことばを、定義だけで操ろうとしているＡＩを、「記号から記号へ漂流し、一度も地面に降りることができずに回り続けなければならないメリーゴーラウンドのようだ」とたとえました。

私たちと違い、ＡＩのなかでは単語というものは、経験や感覚に対応づけられてはいません。つまり、身体感覚に「接地していない」状態にあるということです。これは分数の

問題に対する回答からも明らかです。ＣｈａｔＧＰＴは、分数を小数に変換するような計算は瞬時にできるのですが、その分数が、実世界のさまざまな場面において、どのくらいの「量」に対応するのかはまったく理解していませんでした。２分の１と３分の１が、例えば、丸いケーキのどのくらいの量に当たるのかは、まったくわかっていないわけです。そういうことを理解しないまま、数字（記号）として計算をして、数字（記号）の比較をしているのです。ここが「２分の１のケーキはこれくらい」といったように、数字を量に置き換えて直観的に扱う人間とは違う部分です。

　これからＡＩはますます進化し、ますます巨大になったデータから学習し、手法もさらに進化するでしょう。回答の精度も上がっていくはずです。それでもＡＩが、人間が持ちうる優れた直観を得ることはないでしょう。なぜなら直観は、身体感覚を伴う記号接地から生まれるからです。

　赤ちゃんはことばを学ぶとき、未知の音を外界の対象に結びつけて意味を探し、身体に落とし込みます。そこから推論をして、自分の力で知識の体系をつくり上げていきます。その過程で、たくさんの間違いを繰り返しながら、ことばの枠や知識を修正していきます。このような試行錯誤を繰り返すことで、ことばや知識が、いつどのように使えるのかが感覚的にわかってくるのです。そしてそれは「生きた知識」となります。このことは1、2章でくわしく述べてきた通りです。

一方ＡＩは、「すでに存在している知識を再生産する」ことしかできません。それどころか、ＡＩを使った要約的文章が大量に生成され、それが学習データに使われていくことを考えると、ＣｈａｔＧＰＴがつくる文章は出回っている文章の縮小再生産になっていく可能性があります。もし、人間がそれを「正しい」と信じ規範とするようになったら、創造的な発展はなくなっていくでしょう。

もちろん「ＡＩを使うな」と言っているわけではありません。むしろ、うまく使う練習をすることが大事です。ＣｈａｔＧＰＴが間違った答えを返すことを経験し、うのみにしてはいけないと納得すること。その上で、どのように使ったら便利で、どのように使ったら良くない結果をもたらすかを考え続け、試行錯誤することです。

そしてそれ以上に求められることは、学校で学ぶ抽象的な概念を、どれだけ生活の経験に結びつけられるかどうかです。ランナーが抽象的な「速さ」という概念を身体で感じ取りその意味を把握しているように、日々の体験を抽象的な概念に結びつけていくことです。これが、「記号接地」するということです。この記号接地の学びを通じて、ことばの意味を獲得し、学びの直観を得ることができるようになるからです。

このように考えていくと、私たち人間に残された道は、熟練のうどん職人のように身体や経験を通じて学び、直観力を磨いていくしかないように思えるのです。

そのためには、「間違う」ことも大事です。

アブダクション推論のことをお話ししましたね（60ページ）。アブダクション推論は、知識を拡張させ、発展させる推論です。しかし、誤った推論も生みます。人間は多くの誤った推論をするのに、なぜ、文明を進化させ、芸術や科学を進化させてくることができたのでしょうか？　それは、誤りを修正する能力があるからです。

そして誤りの修正をするのもまた、アブダクション推論です。人間は失敗から多くを学ぶことができる生き物です。実際、「学習科学」の研究では、まだ習っていない問題を、自分の持っている知識でなんとか考え間違ったときのほうが、難なく解答したときよりも、学びが深まり定着するということがわかっています。

生成ＡＩを使い、簡単に答えを出してしまうことを「あたりまえ」と思ってしまうと、「直観」が育たないだけでなく、自分で難しい問題を考え、チャレンジして失敗をすることを避けるようになるでしょう。「早く答えを出して宿題を終わらせられたらラッキー」

と思うようになるかもしれません。そのような勉強法では、知識を「記号接地」することはできません。結局、どうしてそういう答えになるのか、その意味がわからないからです。手早く答えを出すことばかりがうまくなっても、学びは深まりません。

　みなさんが将来扱う問題は、答えが簡単に決まる問題だけということはまずありません。世の中の仕組みも、技術も、ますます複雑になっていき、答えが単純には決まらない問題が多くなるはずです。そういう状況で活躍できる人は、**抽象的な概念を自分に接地させ、身体の一部にすることができる人です。つまり「生きた知識」を、身体や経験を通じて学ぶことで自ら作ることができる人**なのです。

おわりに

みなさんは、生まれてからこれまでたくさんの試行錯誤を繰り返し、ことばを獲得してきました。そしてそのことばを手がかりとして、推論を繰り返し、考える力をつけてきました。そして数々の問題を解決してきたはずです。

みなさんが母語として身につけたことばは、身体に結びついた、「記号接地」したことばです。それはつまり「生きた知識」ということです。この本をここまで読みきったみなさんにとって、日本語はすでにある程度まで自由に使える生きた知識になっているはずです。

そんなみなさんには、ぜひ**次の本へと手を伸ばしていただきたい**と思います。なぜなら本は、ことばを増やし、生きた知識をつくるための一番手軽なツールだからです。

お話ししてきたように、中学、高校の勉強をするためには、抽象的なことばが必要です。国語はもちろんですが、数学、理科、社会、そして英語にもそれは必要です。

そして中学生や高校生が勉強で使う抽象的なことばは、日常生活で学ぶことが難しいものがほとんどです。

そのようなことばに簡単にであえる場所が、学校の図書室や地域の図書館です。図書室や図書館では、本のプロである司書さんが本を選んでいます。学校の図書室であれば、みなさんの年代の興味や知識に合わせて、本が選ばれています。それだけでなく、授業での学びを広げてくれる本が用意されているはずです。授業で習っただけでは、そのことばの知識は「点」でしかありませんが、本を読むことで、それを「面」に広げていくことができるようになります。難しいことばを、読書で「生きた知識」にすることができるのです。

授業だけでなく、日常生活の中で興味をもったことがあれば、ぜひ図書室へ行ってみましょう。入り口は漫画（まんが）でもいいですね。探偵（たんてい）漫画が好きなのであれば、次は探偵小説や、犯罪心理学に関する本を手にとっても面白いと思います。興味のあるものを入り口にして、次の本へとつなげていくのです。

自分の興味から読むものを広げ、そして少しずつ大人の知識に進んでいくのが、抽象的なことばを含（ふく）めて、無理なくことばや知識を増やす方法だと思います。ことばや知識が増えれば、本を読むことはずっと楽になり、そして楽しくなります。ここまでこの本を読んできたみなさんであれば、もうその楽しみはわかっているかもしれませんね。

知っていることばが多ければ多いほど、新しいことばの意味を素早（すばや）く、正確に推測できるようになります。そして新しいことばを、自分で発見できるようにもなります。抽象的なことばの数が増えれば、自然と思考も深まります。そのような思考を繰り返すことは、ある種の直観を育てていくことにもなるのです。

もし、直観をともなった推論ができるようになれば、これから先、どのような未来になろうとも問題解決の道は開けるはずです。この先学び続けるみなさんが、ことばの力と考える力を駆使（くし）して鋭（するど）い推論をし、未来に横たわる数々の難問を解き明かす「名探偵（めいたんてい）」となってくれることを期待しています。

＊本書は、『親子で育てる ことば力と思考力』（筑摩書房（ちくましょぼう）、2020年）の1〜3章をもとに、10代の読者に向けて適宜（てきぎ）、理解を助ける例を加えたり、ことばづかいをわかりやすいものに改めたりした上で、最新の知見を反映しました。4章および本編以外の部分は書き下ろしです。

次に読んでほしい本

今井(いまい)むつみ
『ことばの発達の謎(なぞ)を解く』
ちくまプリマー新書、2013年

私が初めて中高生向けに書き下ろした本で、本書より難度は高めです。ことばの意味とは何か、思考の道具としてどのように身につけていくのか——言語が思考をつくるということをさらに実感していただけると思います。その先に進みたい読者は、『ことばと思考』(岩波新書)、『言語の本質』(共著、中公新書)などを手に取ってみてください。

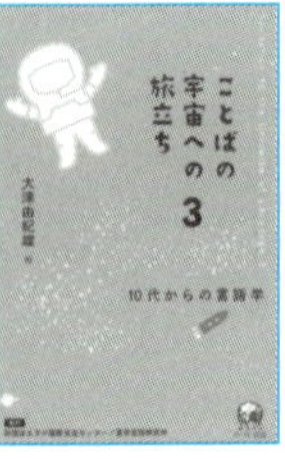

大津由紀雄 編
『ことばの宇宙への旅立ち〈3〉
――10代からの言語学』
ひつじ書房、2010年

ことばの研究の面白さ、興味深さを6名の言語学者が語るシリーズです。私は第3巻で「どうして子どもはことばの意味を学習できるのか」というテーマで参加しています。ほかにも、野矢茂樹さん（「ことばと哲学」）や、岡ノ谷一夫さん（「動物の鳴き声と言語の起源」）などが参加されています。

池上嘉彦
『ふしぎなことば　ことばのふしぎ
――ことばってナァニ？』
ちくまQブックス、2022年

本書と同じ〝ちくまQブックス〟から刊行されています。子どもや詩人のハッとさせられることばづかいがたくさん載っています。多彩なエピソードから、ことばには「伝える」だけでなく、「創り出す」はたらきもあるということがよく分かります。

川添愛
『世にもあいまいなことばの秘密』
ちくまプリマー新書、2023年

最近読んだ中でとても面白かった本です。世の中には、言葉の解釈の違いから起こる対立がいくらでもありますが、言語学的に見れば、言いたいことが伝わることはむしろ奇跡的なことです。それは、私たちの発することばのほとんどが「あいまい」だからです。ことばにどのようなあいまいさがあるかを認識し、どのように表現を工夫すれば、意図どおりに解釈できるようになるかが、分かりやすく書かれています。

今井むつみ

いまい・むつみ

慶應義塾大学環境情報学部教授。1994年ノースウエスタン大学心理学博士。専門は認知科学、言語心理学、発達心理学。学力不振で苦しむ子どもたちの学力困難の原因を見えるようにするツール（たつじんテスト）や学習補助教材の開発にも取り組んでいる。著書に、『言語の本質』（共著、中公新書）、『ことばの発達の謎を解く』（ちくまプリマー新書）、『親子で育てる　ことば力と思考力』（筑摩書房）、『言葉をおぼえるしくみ』（共著、ちくま学芸文庫）、『ことばの学習のパラドックス』（ちくま学芸文庫）、『ことばと思考』『学びとは何か』『英語独習法』『学力喪失』（以上、岩波新書）、『算数文章題が解けない子どもたち』（岩波書店）ほか多数。

ちくまQブックス

AIにはない「思考力」の身につけ方

ことばの学びはなぜ大切なのか？

2024年11月5日　初版第一刷発行
2025年1月30日　初版第三刷発行

著　者　　今井むつみ
装　幀　　鈴木千佳子
発行者　　増田健史
発行所　　株式会社筑摩書房
　　　　　東京都台東区蔵前2-5-3　〒111-8755
　　　　　電話番号03-5687-2601（代表）
印刷・製本　中央精版印刷株式会社

ISBN978-4-480-25155-8 C0337